冥想入門

在吸呼之间遇见自己

刘镓玮 ◎ 著

1 Plus Books

壹嘉出版
1 Plus Books
https://1plusbooks.com

书名：冥想之门/Transpersonal Pathways: Meditation as A Doorway to Yourself
作者：刘镓玮/Jiawei Liu
摄影及封面题字：刘镓玮/Jiawei Liu（署名者除外）
© 刘镓玮 2025

2025 1 Plus Books® 壹嘉出版®
Paperback Edition
Published and Printed in the United States of America

ISBN: 978-1-966814-17-7

出版人：刘雁
封面设计：郭亚红
定价：$17.99
San Francisco, USA , 2025
http://1plusbooks.com
email: 1plus@1plusbooks.com

目录

前言 I

开场白：选择快乐生活 II

第一部分 谁说冥想难？ 27

　1. 准备好了吗？开始我们的旅程！ 27

　2. 稳住，我们要起飞！ 32

　3. 坐得像块砖头！六大点 38

　4. 呼吸：不就是吸吸呼呼吗？ 46

　5. 走神了？没关系，重新来！ 48

　6. 拥抱全世界，不收费！ 53

　7. 你自己就是大师 59

第二部分 带好你脑子里的孩子 65

　8. 心灵遇上了小蜜蜂和野马 65

　9. 你的脑袋有几层楼？ 68

　10. 思绪也能当模特！ 75

11. 一切都是白日梦? 80

第三部分 与情绪的探戈 85

12. 把情绪请出来跳舞,别躲! 85

13. 深入情绪的背后 91

14. 让情绪成为冥想的伙伴 93

15. 与情绪玩泥巴! 99

16. 抱住这一刻的情绪 105

17. 和情绪一起吸吸呼呼 108

18. 忘了背后的故事,沉浸在感觉中! 111

第四部分 感官大冒险 119

19. 听说、看到、感觉到了吗? 119

20. 让声音成为冥想的 VIP 嘉宾! 121

21. 眼睛上演"看"戏大法! 125

22. 安静,导演正排一出感官大戏呢 127

23. 舌尖上的味蕾冥想秀 131

24. 万物都在连接 135

第五部分 心如伞，遮得住雨滴 140

25. 别再挣扎了，放轻松! 140

26. 七大快乐秘籍 146

27. 轻松自在，不沉不飘 153

28. 你相信魔法吗? 155

29. 不确定性? 让我们一起摇摆! 159

30. 找几个朋友，起来嗨! 162

31. 每天都有新奇等着你 166

32. 解锁生活的超级密码 170

前言

从西部到西部——我的西游记

这一路，我走得有点远。

从新疆乌鲁木齐到成都，再到上海；从北京漂泊着想着怎么生存，到莫斯科零下三十九度的冬天，靠着手舞足蹈在菜市场买鸡肉；然后又回到上海，机缘巧合去了美国，最后，在硅谷的一个小角落里，误打误撞地走进了一所大学，发现了"超个人心理学"这个词。

看起来，我像是在不停地漂泊，但实际上，我一直在找一个答案。只是那时候，我自己都没意识到。

我是谁？

冥想的体现，其实都是这些年来的体验。

我十六岁半离开家乡乌鲁木齐，开始了一场横跨东西的旅程。那时候的我，没想过自己会去那么多地方，也没想过有一天会写下这本书，更没想过自己会在冥想的世界里找到答案。但回头看，这一路的漂泊，倒真有点像是我的西游记——不同的是，我既没有孙悟空的七十二般变化，也没有唐僧的金光护体，更多时候，感觉自己倒像个跌跌撞撞的猪八戒，一边抱怨命运，一边还是忍不住继续往前走。

说实话，那个年纪的我，根本不知道什么叫离别的重量，只觉得外面的世界一定比家里有趣得多，于是拉着行李就跑了。第一站是成都，没待多久，又去了上海。在上海，我学了表演，那时候觉得站在舞台上、被灯光照着是一件很酷的事情。可是，学着学着，我发现自己好像哪里不对劲。

我是个演员，可我不懂表演。

怎么说呢？就像是别人教你怎么用耳朵听声音，但你就是听不见。不是说真的听不见，而是听不进去。

我的老师们经常对我说："听自己，内观自己，关注当下。"

我那个时候只会点头，然后继续琢磨台词该怎么说才动听，动作该怎么摆才更有力量。我以为表演就是让观众相信我演的角色，可是现在回想起来，那时候的我根本听不见自己，更别提什么"进入角色"了。

于是，我想，或许要去更大的地方，见识更多，才能学会真正的表演。

我去了北京，在这座城市里漂了几年，做了很多事，也迷茫了很多次。后来，我心一横，决定出国，想着——知识可以改变命运，那就出去看看吧。

莫斯科的冬天，冷得不像话。

零下三十九度的早晨，我裹着厚厚的衣服，缩着脖子，站在菜市场里，看着摊位上的鸡肉，满脑子都是："这玩意儿俄语怎么说来着？"

"Чикен？不是，英语……"

我努力回忆着词汇，可越着急越想不起来。最后，实在没办法，我对着卖肉的大妈又是比划，又是拍打手臂，又是学鸡叫。大妈先是皱着眉看着我，过了一会儿，突然笑得前仰后合，整个菜市场的人都在看我们。

她笑够了，把鸡肉递给了我，我终于完成了这场艰难的交易。

回去的路上，我的手冻得像石头一样，心里只想着——这日子什么时候是个头？

可就是在莫斯科，我开始意识到，人这一生，不管去到哪里，最重要的，还是得和自己待得住。你可以去很多地方，但如果连自己是谁都搞不清楚，那就算环游世界，也不会有答案。

后来，我回到了上海，误打误撞地参加了一场比赛，认识了一位在美国的老师。她问我"想不想去美国？"

我想了想，行吧，去看看。

就这样，我带着一股不知疲倦的冲动，漂到了旧金山。接着又读了个多媒体导演。但是那个时候，我每天去外边华人剧社排练，觉得终于可以做自己真正喜欢的事情了。可是，生活总是喜欢给你安排点意想不到的事情。

有一天，我认识了一个做美术的朋友，他说他的工作室在帕罗奥图，租在一所叫索菲亚大学的学校里。

我随口问了一句："这是什么大学？"

他说："哦，这里研究超个人心理学。"

超个人心理学？什么鬼？

我一头雾水，回去查了一下，发现——这竟然是一个研究人类意识的心理学分支。意识？心理学？这两个词让我莫名兴奋了起来。

我开始读资料，越读越感兴趣，最后干脆一冲动，直接报考了索菲亚大学的超个人心理学博士。

就这样，我误打误撞，走进了冥想的世界。

刚开始学冥想的时候，我坐在那里，闭着眼，脑子里全是"这有什么用？""我是不是坐姿不对""肚子好像有点饿……"

可渐渐地，我发现，冥想和表演其实是一回事。

以前在舞台上，我总是想着"我这样演，观众会不会喜欢？""导演会不会满意？"可是冥想教会我的是，不需要"演"了，直接活在当下就好。

当我真的开始安静下来，开始听自己，我发现，我这些年的漂泊，其实就是在找这个答案——我是谁？

有一次，我在冥想时，脑海里浮现出一个画面——一座漆黑的舞台，我站在上面，什么都看不清。

但当我静下来，开始觉察自己的存在，突然，一束灯光亮了起来，照在我的身上。

那一刻，我明白了：

真正的觉醒，不是去寻找光，而是点亮自己。

所以，我决定写这本书。

不是因为我有多么了不起的冥想经验，而是因为我想和你分享，冥想不是神秘的，不是遥远的，它其实就在我们身边，等待着被发现。

这些年，我学习了很多心理学方法，比如内在家庭系统疗法（IFS）、心理剧（Psychodrama）、格式塔疗法（Gestalt Therapy）……它们都在试图回答同一个问题：人，如何更真实地活着？

而冥想，才是那个最简单、最直接的答案。

如果你也曾在生活中迷失，或者只是想让自己的心真正静下来，那我们就一起出发吧。

这本书不是一本讲理论的书，也不是一本枯燥的学术论文，我觉得它更像我想给你说的话。

这是我的西游记，但也许，也可以是你的故事。

那么，你准备好了吗？

开场白：选择快乐生活

"当下"的原则对于构建一个充满智慧的时代至关重要。你可能会思考，如何最佳地助益这个时代，以及如何确知自己的所作所为是真实和有益的。答案只有一个："当下"。沉浸在"当下"的最佳方式是通过冥想。在冥想中，你采纳一个不偏不倚的态度。让万物保持其本真，不加评判，这样，你也学会了真实地存在。或许，当我们如此说时，不应被严肃看待，因为在这个多样而充满不平等的世界中，毕竟可能存在一个统一的真实。但如果事实真的是，某些生活领域或场景并不完全属于那个统一的世界，那个共同的世界，或者说存在一些生活领域，它们在共同之外独立存在呢？

心灵是非常自由和不受束缚的。人的经历充满了不可预测性、矛盾、欢乐和悲伤、成功和失败。在我们广阔的生命中，我们无法逃避这些经历。这是生活的伟大之处，也是为什么我们的思绪会带我们经历如此多变的情感。如果我们能训练自己更开放，更接受我们的经历，如果我们能面对生活的困难和我们思绪的波动，我们可以变得更加平稳和放松，不论生活带给我们什么。有很多方法可以帮助我们调节思绪。其中最有效的一种方式是通过冥想。冥想使我们对生活中的每一刻都敞开心扉。每一个瞬间都是完全独特和未知的。我们的精神世界似乎是可以预测和理解的。我们相信，通过思考生活中的所有事件，我们可以获得稳定和安全感。但这只是幻想，这一刻，没有任何概念的覆盖，是完全独特的。我们从未经历过这样的时刻，下一个时刻与现在的时刻不同。冥想教给我们如何直接面对生活，这样我们可以真正体验到当下，不被任何概念所束缚。很多人因为想要减轻痛苦而选择冥想，因为通常只有当人们有所困扰时，他们才会采取某种方式来放松自己。但冥想不仅仅是为了减轻痛苦的症状，更是为了消除痛苦的根源。

在这本书中，我想强调的是，痛苦的根源是心灵——我们的心灵。而幸福的根源也是我们的心灵。我想到了一个小故事可以解释我们如何试图减轻我们的痛苦：如果你光脚走在地上，脚磨得够呛，你可能希望用皮革覆盖整个地面，这样你就不会因为地面而受到伤害。但是，哪里能找到这么多的皮革呢？更好的方法是，你只需要在脚上包裹一些皮革，这样整个世界就好像都被皮革覆盖了，你总是受到保护。换句话说，你可以不停地尝试通过处理外部环境来结束痛苦，这通常是我们大多数人的做法。但如果你调整你的心态，你会减轻所有似乎来自外部的痛苦。当有人或事困扰你，或者身体疼痛困扰你时，你必须调整你的心态，这是通过冥想完成的。调整我们的思绪是我们真正开始对生活感到满足的唯一方式。需要明确的是，"痛苦"这个词有其特定的意义。痛苦与疼痛是不同的。疼痛是人生的必然部分，快乐也是如此。疼痛和快乐是交替的，它们只是任何一个生活在这个世界上、有身体和思绪的人的一部分。

真理并不仅仅教导我们"痛苦及其终结"。真理让我们认识到，生活中的痛苦是不可避免的。我们必须学会成熟地面对它，放松心情去接受它。在生命的旅程中，我们会遇到许多不如意的事情：亲人的去世会带给我们深深的哀伤；意外的跌落会使我们受伤；随着年龄的增长，身体会有各种不适。这些都是生活的一部分。即使是最高明的冥想者，也无法避免情绪的波动。我们人类的内心，就像一个能量场，有时充满了沉重和压抑，如同我们所说的抑郁、恐惧或焦虑。正如天气每天都在变化，我们的内心状态也在不停地变化，无论我们是否达到了心灵的觉醒。关键问题是，我们如何与这些不断变化的能量和情绪共存？是完全沉浸其中，还是学会掌控它们，不被其左右？

不满足这个词，描述了一种人类普遍的情感状态，这种不满足感源于我们对人类境况的持续不满，这意味着我们对生活始终感到不满足。所有生命都有强烈的倾向，希望愉悦、和谐、舒适和安全的感觉无处不在。

但当我们遇到任何形式的痛苦，或者任何使我们感到不舒适、不安全的事物时，我们的第一反应往往是逃避。这就是为什么我们需要找到一个方式来调整和平衡我们的思想和情感。

为何冥想？

我们冥想并不是为了感觉舒适，也不是为了时刻都感觉良好。我设想你在阅读这些文字时可能会有些震惊，因为很多人之所以选择冥想，仅仅是为了"感觉更好"。的确，冥想的目的并非让你感到不适，这点你可以放心。更准确地说，冥想为我们提供了一个机会，让我们对眼前的一切持有开放和充满同情的注意力。冥想的空间宛如浩渺的天空——足够广阔，能够包容任何事物。在冥想中，我们的思想和情感就像云朵一样，它们出现然后又消散。愉悦与舒适、喜悦与困难、痛苦，这一切都来来去去。所以，冥想的真正内核是一种相当激进的训练，这也不是我们常态下的模式：那就是无论身边发生什么，我们都与之同在，不随意地给经验贴上好坏、对错、纯洁与否的标签。

如果冥想只是为了感觉良好（我认为我们其实都暗中希望是这样），那我们经常会觉得自己在冥想的方式上出了问题。因为有时，冥想可能是一种非常困难的体验。对于冥想者来说，在平常的日子或特定的闭关中，他们常常会体验到无聊、不安、背部疼痛、膝盖疼痛，甚至脑袋都觉得疼——如此多的"不好的"体验。但是，冥想其实是关于怀有同情的开放性和与自己与自己的处境相处的能力，无论经历是什么。在冥想中，你对生命给予你的一切持开放态度，深深接触这片土地，回归此刻。虽然某些冥想更多地是关乎达到特殊的状态，或某种程度上超越生活的困境，但我所接受的训练和我在此教授的冥想是关乎完全觉醒于我们的生活。它关乎对生活中的困难和喜悦敞开心扉和思想。

这种冥想所带来的果实是无穷的。当我们冥想时，我们正在培养五种随着我们练习的时间逐渐显现出来的品质。当你问自己："我为什么要冥想？"时，回想这些品质或许会对你有所帮助。首先，我们冥想时所做的第一件事——就是培养和加强与自己的坚定。有一次我与某人讨论这个问题，她问："这种坚定是不是有点像忠诚？我们忠诚于什么？"是的，通过冥想，我们培养了对自己的忠诚。我们在冥想中培养的这种坚定性立刻转化为对生活经验的忠诚。坚定意味着当你坐下来冥想，允许自己体验那一刻发生的一切——可能是你的思绪飞快、身体颤抖、头痛、心中充满恐惧，不管遇到什么——你都与之同在。那就是全部。有时，你可能坐了一个小时，感觉并没有好转。然后，你可能会说"这次冥想不好。我刚刚进行了一次不好的冥想。"但坐下来冥想十分钟、十五分钟、二十分钟、三十分钟、一个小时，无论你坐了多久，都是一种培养对自己的忠诚或坚定的慈悲姿态。

我们常常习惯于给所发生的事情贴上标签、观点和判断。坚定——对自己的忠诚——意味着我们放下这些评判。所以，从某种程度上说，坚定的一部分就是当你注意到自己的思绪纷飞，脑海中涌现各种各样的思考时，会有那么一个不做作的瞬间，不需要任何努力：你与你的经验同在。在冥想中，你培养了对自己的忠诚、坚定和毅力这一滋养的品质。而当我们学会在冥想中这样做时，我们在冥想结束后面对的种种情境中，也更能够坚韧不拔。

冥想中我们培养的第二个品质是明确的觉察，这与坚定相似。有时这被称为明确的意识。通过冥想，我们培养了抓住自己开始离轨、对环境和人们变得冷硬或以某种方式对生活封闭起来的能力。当我们坐在那里冥想，如此安静和平静，专注于呼吸，你会认为我们不会注意到太多东西。但实际上，恰恰相反。通过培养坚定，这种学会在冥想中持续的能力，我们开始形成一个无偏见的明确的看法。思想和情感来了，我们可以非常清晰地看到它们。在冥想中，你逐渐接近真实的自我，开始更清晰地认识自己。你清晰地看到，不再需要复杂的分析，因为经过不断的练习，你了解了自己反复做的事情。你明白你在脑海中一遍遍地重播相同的回忆。伴侣的名字或雇主可能会变，但其中的主题却总是那么重复。冥想帮我们看清自己以及那些束缚我们的习性。你开始清晰地认识自己的观点、判断以及防御机制。冥想让你对自己有更深的了解。

我们在冥想中培养的第三个品质是我之前提到的坚持和明确的看法，这种品质在我们冥想中面对情感困境时产生。我认为这个品质非常重要，值得单独提及，因为在冥想中，当我们感受到情感上的压抑（这是必然的），我们常常觉得"做错了"。所以，这第三个品质，就是我们内心逐渐培养的勇气。我认为这里的"逐渐"非常关键，因为这可能是一个缓慢的过程。但随着时间的流逝，你会发现自己有了面对情感困扰和生活的风风雨雨的勇气。

冥想是一个转化过程，而非一个魔法改造，我们不是顽固地试图改变自己。我们练习得越多，就越能敞开心扉，并在生活中展现更多的勇气。在冥想中，你不会真的觉得你"成功了"或是你"到达了目的地"。你只是觉得你放松得足够去体验那些一直存在于你内心的东西。我有时称这个转化过程为"恩典"。因为当我们培养这种勇气，允许自己体验各种情感时，我们会突然有深刻的洞察，这些洞察并非来自于努力地分析自己或世界的问题。这些洞察的时刻来自于冥想，这需要勇气，这种勇气会随着时间的推移而增长。有时，这种勇气会给我们带来世界观的微小改变。冥想让你看到或了解你以前从未知晓的东西。有时我们称冥想的这些礼物为"祝福"。在冥想中，你学会如何为自己的智慧腾出空间，这是因为你不再压抑这种智慧。当你有了面对最困难情绪的勇气，并静坐其中，你会意识到你从思维世界中得到了多大的安慰。因为，当情感波动很大时，你会真正地感触到那些情感背后的能量。如你将在这本书中学到的，你开始尽量放下那些话语和故事，然后静静地坐下。这时，即使感觉很不愉快，你也会觉得自己不断地回想那些情感的故事或是想要逃避。你可能会发现自己经常沉浸在美好的幻想中。而事实上，我们其实并不真正想这样做。我们内心真正渴望醒来和敞开心扉。人类渴望感受更多的活力和对生活的清醒。但同时，人类并不适应现实能量的瞬息万变。简单地说，我们其实更喜欢我们的幻想和计划，这也是这种实践很难坚持的原因。体验情感困境并培养所有这些品质——坚持、明晰的视野、勇气——真正地动摇了我们的习惯模式。冥想让我们的固有习惯变得宽松，它改变了我们维持自我的方式，我们如何持续受苦的方式。当你培养了体验最困难情绪层面的勇气，并在冥想中与之共存时，你会意识到你从你的心智世界中得到了多少安慰和安全感。

我们在冥想中培养的第四个品质，其实我已经提及过了，那就是清醒地面对生活的每一个时刻。这是冥想的核心。我们学会关注此刻，学会真实地存在于这里。但我们很抗拒这种存在！当我开始实践时，总觉得自己不擅长这个。后来我才意识到，我其实是对"此刻存在"感到很大的抗拒。全心投入此刻，并不给我们带来任何确定性或可预测性。但当我们学会与当下和谐共处时，我们也学会了与未知和谐相处。

生活总是充满了未知。你可能会说，"噢，我喜欢这种不确定性。"但这只是在不确定性为我们带来乐趣和冒险时的情况。我的亲朋好友里边有人喜欢跳伞、出海之类的冒险活动，尤其是我的好兄弟 Andy。每次想到他的这些活动，我都感到心惊胆跳。但每个人都会遇到自己的挑战，甚至那些最喜欢冒险的人也会在一些看似微不足道的事上遇到自己的挑战，比如买不到一杯好咖啡时的不满。有时，一杯咖啡的好坏都可以成为未知的边缘，让人觉得不安。

遇到这些挑战，接受此刻的不确定和未知，对于那些希望觉醒和打开内心的人来说，是一个极具力量的时刻。当下是我们冥想的动力之火，它驱使我们走向转变。换句话说，此刻是你个人旅程的燃料。

冥想是一次心灵的觉醒，因为它并非最终的安放之地。这也是我为什么年复一年地持续这个实践。如果回首过去，我感觉自己并没有发生任何转变，那真的会让人很沮丧。但事实上，每一次的挑战都让我们更加谦卑。生活总是让我们跌落神坛。我们总能在更加平静和开放的心态下迎接未知。每个人都会经历这样的时刻，你觉得自己已经处理得很好了，然后突然有件事彻底击垮了你。举个例子，你正在读一本关于冥想的书，而书中描述的那个冥想者可能就是我。你需要知道，即使是我，在长年的冥想实践后，也会有失去控制的时刻。有一次，我和三个月大的儿子单独在家，妈妈出去上课了。在那段时间里，儿子有时会突然变得很闹腾。我只想说，当你真实的一面被揭示出来，那种感觉真的很特别。这并不是什么尴尬的事情，而是一种自然发生的现象。但通过冥想，我学会了更加深入地了解和接受这些自然发生的时刻，这样在人生的旅程中，我就可以更好地应对各种情况。或许在临终时，你不想突然发现自己还有那么多的不足和问题。所以，我们为什么要冥想？是为了更加适应和包容当下。即使在生命的最后一刻，你也可以感觉到那份平静和接受。那些挑战我们，让我们暴露真实面目的人，我们称他们为"导师"。

最后，关于我们为什么冥想的第五个品质，就是我所说的"没什么大不了的"。无论你在冥想中获得了多深的感悟，都是"没什么大不了的"。就算你在临终时遇到了一个让你不满的护士，那也只是生活中的一个小插曲，没什么大不了的。

这是我从我的导师 Dr. George Guim 那里获得的最大的教诲之一：不要大惊小怪。在那次冥想中，我似乎完全沉浸在了那片安静的瞬间，仿佛听到了远处的鸟鸣，感受到微风轻轻拂过我的脸。我甚至觉得我和那棵树、那片草地都建立了某种联系，就好像我突然理解了它们的语言。当我兴高采烈地描述这段体验，想要获得他的肯定时，他微笑地看着我，好像有点想笑但又强忍住的样子。当我告诉他我仿佛与大自然沟通时，他笑了起来并说："其实……没……什……么大……不了的。"他不是在批评我，也不是完全在夸奖。他的意思是，这样的体验是很美好的，它可能让你看待生活有了新的角度。但与此同时，不必过分地看重它们，因为这会导致傲慢、自负或一种特殊的感觉，甚至你可能会变得有些自恋。另一方面，过分强调你的挑战或困难也不好。过分强调你的困难会带你走向另一个方向；它会使你陷入自卑、自贬和对自己的低估。所以，冥想的目的是帮助我们找到中间的平衡点，它帮助我们培养这种"没什么大不了"的感觉，用一种幽默和轻松的态度看待生活的点点滴滴。毕竟，生活中的每一刻，无论大小，都是值得我们去珍惜和感悟的。你看过了所有的事，这也使你更加珍视它们。

第一部分 谁说冥想难？

当你坐得笔直但放松地进入冥想的姿势时，就好像打开了心扉。首先，你是在面对自己，但同时也仿佛让其他人看见了真实的你。所以，通过安静地坐着，跟随你的呼吸直到它平息，你其实是在与内心深处的自己建立连接。

1. 准备好了吗？开始我们的旅程！

要开始冥想，其实你需要的很少。说真的，只需有你自己。有时人们以为他们需要参加修行营或购买大量冥想用品。但其实，无论何时何地，都可以开始冥想。从此刻、此地开始。也许你觉得自己是这个星球上压力最大的人；也许你正陷入深深的爱河中；也许你有两个孩子和一份全职工作；或者你正经历抑郁或心灵的暗夜。无论你处于何种境地，你都可以从那里开始。冥想，无须改变任何事物。

当你决定成为一个规律的冥想者时，最明智的是提前确定一个时间表。冥想的益处是多方面的，当你规律地练习时，你会真正感受到这些益处。首先，选择一个适合你的时间，然后坚持下去。比如，决定你要在什么时候练习。也许你觉得早上在早餐和上班前练习最合适，或者在孩子们晚上睡觉后。确定你要规律地进行冥想——并坚持。

接下来，考虑你冥想的时长。你想冥想多久？无论是二十分钟还是两个小时，这都取决于你。但为自己设定一个成功的目标。当你决心冥想时，不要让自己处于容易感到挫败的位置。对于初学者，我建议从二十分钟开始。练习一个月或几个月后，你可以再增加二十分钟。如果你是经验丰富的冥想者或你打算重新开始冥想，你或许可以决定每天冥想一个小时。

也许你为冥想预留了一个小时，但连续坐超过二十分钟让你感到有些吃力。这样的话，建议你先坐二十分钟，然后慢慢走十分钟或做缓慢的瑜伽，或者简单地伸展放松。这样可以重新为自己充电。转换注意力至身体上的动作，也许有助于你再坐下来冥想二十分钟。

理想的冥想环境应尽可能简单。这种简单是指不需要大量的准备。如你所见，冥想就是让世界进入，唤醒你的生活。这意味着你甚至可以在公交车上冥想！但为了建立规律的习惯，最好找一个在家中让你感觉神圣或放松的地方。你可能想建一个小祭坛，放些能支持你练习的物品，比如老师的照片、蜡烛或香。

再思考你冥想时的坐具。正如你在关于坐姿的部分所了解的，应该选择一种让你感到挺直的坐姿——无论是在软垫或椅子上。有的人喜欢坐在稍硬一点、方正的垫子上，这样可以让你的膝盖位置低于你的腰部。当然，你也可以选择一个柔软点的、略低的圆形垫子。找到最适合你的坐具。如果你有背痛或膝盖疼痛的问题，坐在椅子上也是个不错的选择。

最后，找一个计时器。这可以是手表、闹钟，或者任何能在设定时间结束时提醒你的东西。在冥想室和静修中，经常使用锣（或铃铛），它发出非常美丽和平静的声音。

你可以独自练习，或者决定与伴侣或团体一起开始冥想。对于初学者，我经常建议与一个或更多的人一起练习，因为这会给你提供很大的支持。你会发现，如果你独自进行，坚持时间表会更困难。长久以来，冥想的方式往往是独自练习，而在这种情况下，对时间表的承诺和投入可能更难，但我发现随着时间的推移，这会变得更容易。

有一次，一个学生找到我，希望我教他戏剧表演。他告诉我，他经常感到非常焦虑，并且患有多动症。这使他在表演上经常无法集中注意力和控制自己的情绪。为了帮助他，我决定让他运用冥想的方法来进行戏剧训练。这种方法不仅可以让他在舞台上更加专注和自信，还能在日常生活中帮助他更好地应对压力和焦虑。这位年轻人渴望从生活中的压力中得到解脱，与此同时他也很担心如何在繁忙的生活和学业中融入冥想。我建议他每天早上起床之前，先冥想十分钟。他可以坐在床上或床边，无论是盘腿还是伸直腿，都可以按照他自己觉得舒适的方式。

一个星期后，他回来告诉我，这真的很有帮助。他说有一天早上，他很早就醒了，大约是凌晨 3:30，因为他有很多事情要做而感到恐慌。他的本能是跳下床，开始工作，完成他庞大的待办事项清单。但是，他突然想起了自己每天都要先冥想十分钟的承诺。所以在凌晨 3:30，他坐起身来开始了他的冥想。在这次冥想中，他感到一切都放慢了，他可以观察到自己那狂野、激烈的心灵和充满活力的身体。在那十分钟内，他明确地知道如何有意识地完成任务，以及按照什么顺序来做。冥想让他平静下来，清晰地组织了自己需要做的事情。他突然意识到，他感觉自己必须完成的很多事情其实那天并不需要完成。这种平静使他重新入睡，并在稍后的时候感觉更加清醒和精神饱满。也许你每天只有十分钟的时间来冥想。但只需十分钟，你就可以放松下来，慢下来，让你的直觉和智慧更好地发挥作用。

在这本书中，我们练习的是一种帮助你心灵平静、专注于当下的方法。接下来的章节，你会学到如何为这种练习做好准备：如何找到一个适合冥想的地方，如何坐下，如何调节呼吸，以及如何处理各种思绪。我们都知道，让心灵保持平静并不容易。但当你有一个固定的焦点，例如你的呼吸，你就可以逐渐训练自己，不再完全被思考和情感所驱使。一直将注意力集中在某一点上，是这种练习的核心。

2. 稳住，我们要起飞！

每当你坐下来进行冥想，首先要做的是找到一个安稳的状态。这意味着你走进你预定冥想的房间，并允许自己完全按照当前的状态存在。

首先，了解一下自己。你明确自己正在这里，并知道你带了什么情绪或想法进来。也许某一天的早晨你一直感觉很宁静，或许你在窗前凝视着大海或树木，当你开始冥想时，你的心情其实已经很平静了。但有时你可能感觉很急躁，匆匆吃完早餐，上上下下跑了好几趟，当你开始冥想时，你的内心感觉很紧张。也许昨晚或早上发生了一些事情让你担心，心情很沉重，或者你感觉特别疲惫，几乎不能集中注意力。有时你甚至可能觉得自己的心情很低落。

但有一点我们可以确定，每当你决定坐下来进行冥想时，你总会带着一些东西，你会带着当天的思考、欢乐、失望和关心。冥想并不是简单地坐下，开始计时，然后屏蔽所有你带来的东西。所以，首先要明确自己当前的状态。问问自己：我身体上感觉如何？我的心情如何？我的头脑此刻是怎样的状态？

因此，安定下来的第一步就是了解自己。重要的是，进入冥想没有所谓的好方式或坏方式。虽然感到宁静和舒适的状态可能更受欢迎，但真正的冥想是关于对当前发生的事情保持清醒和关注。你不能简单地用好或坏来评价你的冥想。

你可以用来评估冥想的唯一标准是:"我是在当下吗?"即使在意识到你的思绪不在当下的时候,这种认识也意味着你在冥想,并意识到了这一点。这种意识就是对实际发生情况的了解。

冥想练习:与当下相触

在开始冥想时,与自己的内心深处建立联系是十分有益的。此时此刻,你处于何种状态呢?为了更深地融入当下,你可以尝试回答以下一系列问题,这有助于你觉察自己的心境,明了此刻的真实感受。

首先,你现在有何感受?

能否真正触及那种感受呢?可能是你此刻的情绪,或是身体的某种状态——无论是昏昏欲睡、心神宁静、情绪波动还是身体不适。

不需要用言语,只需深深感受,你现在的感觉如何?

再深入一步:此刻,有无情绪涌上心头?

能否真正地沉浸其中？与它们建立联系呢？

这里，我们并不是要你给它们贴上标签或回忆情绪的起因，只是简单地与你此刻的情感相伴。

此刻，身体是否有任何感觉？

是疼痛、紧张，还是舒适放松？

思绪又如何？此时的你，思绪是何种质地？是思绪纷飞还是昏昏沉沉，或是出奇地宁静？你的思绪是如急流般奔涌还是平和如湖，还是显得有些迟钝？是不断旋转的旋律还是宁静的止水？

如果此刻我问你："你的心境，此时是如何的？"

无论是静如止水、狂野如飓风还是迟缓如静流，你会怎样描述呢？

希望通过这些问题，你能与自己的内心深处建立更深的联系。建议你在冥想时以这些问题为起点。随着实践的深入，你会发现不再需要这些问题来引导自己进入当下，它会变得更为自然。你的初衷，只是简单地寻找并稳定自己的心境，然后开始你的冥想练习。

冥想练习：身体扫描

每当我准备冥想，我都会寻找一个方法帮助自己回到此刻——这就是身体探索。首先，站起身，深呼吸，然后慢慢地呼出。身体探索可以非常迅速地完成，目的是让你的意识穿越身体的每一个部位，感知那一刹那。比如说，你可以将意识带到站立时的脚底，感受它此刻的状态。或许，脚掌感觉有些麻木，或者它们敏锐且有轻微的刺痛。当你探索身体的时候，有些部位你可能察觉不到。遇到疼痛？不必紧张，只是简单地感受它。

继续，让你的意识在身体的每个角落徜徉。这是一次对身体的细致入微的关注，一次身体意识的练习。

首先，静立片刻。你可以选择睁眼或闭眼。轻柔地、如同抚摸一般，让你的意识流淌至身体的每一个部位。我喜欢给自己的每一个部位十秒的宁静时光。

开始探索你的身体。从脚底开始。

脚踝的背面。小腿。

膝盖的背面。大腿的背面。

臀部。腰部。背部中段。

上背与肩膀。双臂。腋下。

上臂的背面。肘部。

前臂的背面。手背。

手掌。手指背面。

手指尖。手的正面。

前臂正面。上臂正面。

肩膀。颈部背面。头的背面。

耳朵的背面。头顶。前额。眼睛。鼻子。

脸颊。嘴唇。舌头。牙齿。

下巴。喉咙。胸腔。太阳穴。腹部。

私密处。大腿正面。膝盖。小腿正面。

脚背。脚趾顶部。完成所有这些后，试着去感受你整个的身体：是否放松地站立，或许紧张，但都是在此时此刻。

3. 坐得像块砖头！六大点

　　此刻，你已经尽你所能地稳定了自己的心境。你已将你的意识召唤至此时此刻。你即将踏入冥想的正式实践。但在开始前，你应如何坐好？在冥想中，不论你受哪种传统的熏陶，都会强调保持优雅、挺直的坐姿，这样你就不会弯腰曲背，生命能量也可以在身体中畅通无阻。坚韧而又放松的姿势，同样有助于身心的舒适。我被教授的冥想姿势重点是：心胸要敞开——胸怀坦诚，背部挺立。

　　实际上，当你发现自己开始弯曲，开始逐渐封闭时，挺直腰背需要巨大的勇气。通过保持身体正面的开放，你实际上可以帮助你的心灵和情感敞开。这样，头部到躯干，即从颈部到腰部，都像是一条从头顶垂直下落穿越你身体的直线。每当你发现自己开始弯腰，再次挺起。让你的心胸敞开。冥想的良好坐姿——一个让我们的身体放松而稳定的姿势——涉及六个关键点：座位、双手、躯体、双眼、脸部和双腿。

座位

在开始前，寻找一个稳固且舒适的座垫很重要。我有时称之为"丰满的坐底"，其实质是保证坐得稳当。人们对坐具的选择各不相同：有些人喜欢直接坐在平坦的地面上，有些人选择厚垫，有些人则偏好圆形的小坐垫，还有人简单选用椅子。关键在于，每个人都应找到既能使身体又能使心灵感到平衡的坐姿。每个人都需要找到适合自己的舒适坐姿。

双手

一般来说，我们的双手采取的是"休息心灵"的姿势，也就是轻轻地放在大腿上，手掌朝下。如果手放得太靠大腿的后方，会导致身体失去平衡，可能会给坐姿带来压力和疼痛。同样，如果手放得太靠前，也会导致身体失去平衡。你需要找到一个适合自己，能让你感到身体线条均衡的位置，这样上半身就可以保持直立，既不会前倾也不会后仰。

如果你感觉困倦，可以尝试另外一种手部姿势，将一只手掌放在另一只手掌上，手指相互交叉，使双手形成一个椭圆形状。两个拇指几乎要碰到，但又没有完全接触。这时，你不能让手放在腿上，而是需要稍微抬起双手。这个特定的姿势在你感觉心不在焉或者疲倦时特别有帮助，因为你需要有更多的觉察力来保持双手的位置并确保拇指不接触。

这种姿势能帮助你保持更加清醒。

注意观察哪种双手姿势更适合你：你可以使用这种方法来提醒自己保持清醒，或者你可能更喜欢"休息心灵"的姿势。

躯体

当我们提及躯干，首先浮现的画面是宁静的放松。身体挺直，但不僵硬。我曾被教导，想象从头顶开始的一条直线，贯穿整个身体，直至坐垫的中心。如果感觉这条线有所倾斜、弯曲或某种不对劲，那我便会提醒自己重新挺直。

经常有人告诉我，要想象头顶有一条看不见的线，轻轻地把我拉高。这仿佛魔法，为身体带来一种轻盈与放松的感觉。但要确保，这时的肩膀并没有随之上浮。保持对肩膀的觉察，偶尔可以有意地抬起它们，再让它们自由地下垂——这是一种古老的身体调整技巧，有助于放松那些紧绷的地方。

躯干的定位仿佛是清醒与专注的艺术表达。身体的前部保持开放，背部坚实，整体彰显自然放松的美学。此时此刻，当你安定下来，若感觉肩膀升高或紧张，轻轻地放松它们。如果身体前倾，让你的胸部和腹部感觉压抑，那就勇敢地挺起，使其充满生气与活力，与放松达到和谐平衡。

再次提醒：像接受世界的拥抱一样，保持胸腔的开放。当疲倦席卷而来，我们容易低头丧气，无论是冥想、办公还是进餐。但只要开放身体前方，就会感受到一种自由的挺直。这使得情绪和感觉如微风般流经身体。而当你的姿势正直，心境也将如湖面般宁静。

双眼

很多时候，我发现冥想者们都是闭上眼睛进行冥想的。但我建议你们尝试睁眼冥想，即便你已经习惯了闭眼的方式。为何睁眼呢？因为这加强了我们清醒的感知。我们的冥想目的并非是进一步进入梦境。我们不是在内省。这不是一种试图进入特殊意识状态的冥想。相反，我们冥想是为了对生活和生活中的一切保持开放态度。我们正在培养在任何外界或内在情况下都能保持当下的能力，不论是波动的情绪还是困难的环境。有些人认为闭眼可以帮助他们更好地集中，但闭眼可能导致我们失去对当下的感知。我们追求的是一种无论外部如何变化，内心都能保持平和的状态。通过睁眼，我们能够更好地连接到外部世界，并与之和谐共存。

保持眼睛睁开帮助你认识到每一个时刻和地点都是神圣的，都为你提供了一个觉醒的机会。睁开眼睛，你会对周围发生的事情保持轻轻地警觉，而不是抽离，这是闭上眼睛时会发生的。眼睛睁开对于培养一种包容感非常重要，这让我们学会在风风雨雨或欢欢乐乐中找到安定。所以，保持眼睛的睁开实际上是一种与当下相伴的姿态，是一种开放的表示。我们不会四处张望或分心，而是全心全意地投入到此刻。经常在团体活动中，会有人坐在你的旁边或面前，可能会有动作或声音，但我们的目标是适应并接纳，而不是逃避或排斥。

我建议你稍微将目光向下，大约在你前方一到一点五米的地方。如果你觉得心神不宁，可以尝试调整你的视线。但是，头部应始终保持正直。你可以根据自己的感觉调整目光的焦距，无论是近距离还是远距离，重要的是保持舒适和清醒。

脸部

可以轻轻地让你的嘴巴微微张开，只需轻轻地张开一点，这样空气就可以在鼻子和嘴巴之间自由流动。

并不是大张着嘴。其实别人甚至可能都没注意到你的嘴巴张开了。这其实是很有帮助的，因为这可以使你的下颌放松。

微微张开的嘴巴也有助于放松脸部和颈部，进而使肩膀也变得放松。你可能会经常注意到，当你感到紧张时，你的下巴会不自觉地咬紧。如果这发生了，只需意识到它，并轻轻地让你的嘴唇稍稍分开，这种程度微小到几乎看不出来。有时我这样建议，然后我发现有些人大大地张着嘴——整个房间仿佛充满了张嘴的鱼！这可不是我们需要这样的效果。

在冥想中，我们强调要尽量减少挣扎的感觉。冥想时，我们会经历很多——无论是身体上的不适还是心灵上的困扰，因为种种感受都会涌现，所以我们特别重视不要感到挣扎。所以，如果你觉得不舒服，你可以微调你的姿势，试图让身体找到舒适的感觉。观察你的脸部或嘴巴是否有任何小肌肉处于紧张状态。一旦察觉，便放松那些紧绷的部分。

双腿

你的双腿应自在地交叉在身前。有时，有的人需要垫高坐垫，因为他们的双腿无法完全贴地。有些人可以完全坐平。但无论如何，你都不希望膝盖高于腰部，这会给你带来很大的不适。

如果盘腿坐对你而言只感到疼痛，或者这样坐会加重你的伤痛，那么我建议你用椅子。即便你坐在椅子上，仍可以遵循其他五个姿势及要点。坐好，保持脊柱挺直，心胸张开，双掌放在膝盖上，脸部、嘴唇和目光都保持放松。在任何冥想时刻，你都可以随时回归到自我感知中。

若你觉得自己变得飘渺，或身体的紧张感在增加，你可以重新将注意力转向身体和这六个姿势及要点。首先，想想你的坐垫，确保坐得稳固。你不会前倾或后仰，为直立的姿势找到好的基础。

接着，注意你放松在大腿上的双手。然后是你的上身，背部应保持挺直，心胸开放，让能量在身体中自由流动。再看看你的脸，嘴巴是否微张？脸部的肌肉是否放松？最后，放在你前面的交叉双腿：你能释放腿部的紧张感吗？

如果在冥想中，你发现身体上有某种不适，不要立即调整。稍微忍耐一下，然后在继续冥想的同时，慢慢地转换到一个更为放松的姿势。让你的姿势更加舒适自在。重要的是不要过于强求，只需努力让自己尽可能放松和舒适。在这六个要点中，你要传达出一种放松、开放和尊严的感觉；展现一种清醒和自信的态度。

4. 呼吸：不就是吸吸呼呼吗？

呼吸练习教导我们学会放下。它为实践带来了一种温柔，透过呼吸，我们得以放松心情和身心。请静下心来，短暂地关注自己的呼吸，感受是否因此变得柔软。让自己真切地体验呼气与吸气之间的轻柔感觉。静坐的指南非常简单：你已步入冥想之地，设定了时间，尽力使心神宁静，调整好坐姿，然后轻轻地将心意放在呼吸之上。

在冥想中，我指导学生以呼吸作为回归的起点。选择呼吸作为冥想的基本对象有很多原因，但最关键的一点是其无常性。它总在变，永远不是一个固定的存在。关注呼吸，你更多地是体会，而非紧张地集中。同时，你也在锻炼心智，让其更容易觉知事物的无常——不论是思绪、情感还是周遭的声音与景象。所以，当你坐下，就将心意放在呼吸上。每当心神飘散，都将其引回呼吸。尽量准确地回归到其起伏之中。这并非如鹰般瞪视呼吸，也不是紧张地集中。这是与呼吸同在的体验，让自己被呼吸所包围。

曾有一次，我向一位学生介绍冥想时，描述与呼吸的合一之意，她用了"允许"这个词，允许呼吸进出。我觉得这个词真正捕捉到了冥想中我们与呼吸的互动之美，因为"允许"带有那种温柔无执的感觉。更进一步地，你可以试着将关注点放在呼出的部分，及其结束后的那片空白。我的有位导师 Dr.Ted Esser 曾描述这为"让呼吸与空间交融"。呼吸进来后，你可能会感受到片刻的暂停，然后再将注意力放到呼出的延续。当呼吸呼出，尽可能地与它同在，轻轻地、自然地。Dr.Ted Esser 教导我要关注呼出，强调向外界敞开心扉，放下固有的坚持。每当呼吸呼出，你仿佛与周围的浩瀚空间融为一体，这种感觉既开放又包容。

当你以呼吸作为冥想的对象时，会逐渐感受到身体与心灵的和谐。你不再是分裂的。冥想也可以被称为"开放觉知的修行"或"自然醒觉的修行"。随着实践的深入，你可以更加自然地对待呼吸，让自己安然地置身于此刻的开放空间中。坐下并"存在"意味着什么？它意味着你如同空间一般，接纳所有浮现的——呼吸、思绪、情感、感觉，一切一切。

5. 走神了？没关系，重新来！

现在，我们已经掌握了冥想的基础——安定、坐姿、以及呼吸——你已具备了冥想所需的所有工具。现在，让我们探讨基本的心态。我们会在第二部分深入讨论心态及如何处理思绪和情感，但首先，我们在冥想时应持有怎样的态度呢？

冥想时，我们要保持一种简单的态度，那就是"反复回归"。我们想要培养的基本心境就是时刻回到此刻、时刻与此刻同在。基本的教导是培养稳定的心境——让心保持在一个地方、与此刻同在。这是冥想之路为我们带来的所有转变的基础。当我们的心能够留下时，一切都开始了。我们的思想会带我们走向最离奇的地方，而冥想教会我们，当我们的心被带离此刻时，到底发生了什么。这可以是非常微妙的，也可以是非常激烈和充满能量的。我们注意到它，并回归到呼吸，回到我们的冥想。心的本质是清晰的、觉醒的、警醒的、知觉的，没有执着。通过锻炼与此刻同在，我们开始了解我们的心之本质。所以，你越是锻炼与此刻同在——真正存在于此，你就越会感觉到你的心变得更为敏锐。回归到此刻的心是更加清晰、更清醒的，它能更好地面对生活的所有矛盾、痛苦和悖论。

我在这本书的开头讨论了痛苦，作为人们开始修行的原因之一。我们冥想是为了消除痛苦的根源。要触及痛苦的根源，就要回到此刻，回到呼吸。这是拓展可以发生的地方。如果你试图强行或逃避你的冥想，拓展是不会发生的。如果你抗拒此刻给你带来的一切，那么也不会有拓展。你会发现，此刻是无边界的。当我们学会回到此刻时，尤其是当此刻出现的是愤怒、悲伤或恐惧时，拓展和安定似乎是矛盾的。但正是通过这种回到此刻的行为，我们可以敞开心扉去体验爱、喜悦和生命的活力。换句话说，冥想为我们带来了平静、或情感的平衡。冥想直接应对了我们生活中的许多紧张和压力。我们也许可以称这为冥想的"额外好处"。

当我们持续地陷入情绪的反应性，让自己被思想和情绪所带走时，痛苦就会逐渐升级。这种痛苦的根源可以用"无知"来描述。无知是指我们日常生活中的不自觉，如喝水时不自觉，刷牙时心不在焉。这些平常的行为反映了一种缺乏意识。当我们的注意力被分散到各种事务上，实际上我们是在制造自己的痛苦，因为这种习惯增强了情绪的反应性和离散的思考。通过接受并生活在当下，我们开始体验到更多的满足和宽广，以及更少的恐惧和焦虑。冥想帮助我们看清楚我们的行为，让我们意识到在任何时刻我们都有一个选择——回到当下或者让我们的故事和思想主导，加剧我们的痛苦。通过冥想，我们开始更清晰地看到我们是如何被困在某种思考模式中，这加强了我们的痛苦习惯。当我们意识到这一点，我们就知道可以做出不同的选择。

　　一个学生与我分享了她的经历，她说，当她照镜子时，突然发现了几根白发。那一刻，她原本的愉悦心情瞬间被打破，陷入自我贬低之中，感受到前所未有的孤独和不被爱的沉重。而这，仅仅是因为几根白发！但正因为她习惯于冥想，她迅速捕捉到了自己的情绪，没有被这股情绪所拖累。她察觉到她的思绪正试图带她进入一个情绪的旋涡，她调整了呼吸，回到了那一刹那，活在当下。

　　每当我们发现这种情绪的模式并避免进入那情感

的深渊时，我们对自己的信心就会增强，对自己的觉醒和转变有更多的期待。随着时间的推移，我们会发现，实际上我们并不是自己情绪的奴隶。那些似乎无处不在、时常控制我们情感的习惯性模式，其实并不那么强大。冥想就是这样一种工具，帮助我们解除这种情绪的锁链，让我们重新掌握自己的内心世界。

心，它是痛苦的源泉，但同时也是快乐的源头。这种认知值得我们深深地思考。当你感受到不满、恼怒、孤独或嫉妒时，试着问问自己：这些情感真的是因为外在的因素引起的吗？它们完全取决于外界吗？冥想告诉我们，真正的解决之道在于调整和驯化我们的内心。当我们真正做到这点时，外部的种种刺激和环境变得不那么扰人了。所以，每当你感到情绪波动时，都要提醒自己："这真的是外界的原因，还是我的心灵在作祟？"

我真诚地希望你能在每一个时刻，每一秒，每一天，每一周，每一个月提醒自己这个问题。真正地去思考它，真正地去体验和探索它。这很具有挑战性，而非一件简单的事情。因为我们的情绪和心境有时似乎真实得令人难以置信。但冥想正是帮助我们明白，有时，真正的敌人，是我们的内心。所以，每当你被情绪所困，都要告诉自己：我可以做出选择，可以回到当下，掌握自己的心灵。不要被情绪控制，不管外界情况多么荒谬、多么不公，你都需要处理自己的情绪反应。只有你自己，可以召唤自己回来。这是冥想的基本态度。而这，也是冥想的真谛。

6. 拥抱全世界，不收费！

每次沉浸在冥想中，我们都要尽量避免自我批评，无论是对练习的方式还是过程中的所思所想。这只会使我们变得更加苛刻。我想强调，无论你是在冥想还是在生活中，都应维持一颗无条件友善的心。有些人冥想了许多年，甚至几十年，但深入其中后，他们才发现从未真正用这种修行来培养对自己的慈爱。反而，他们对自己的冥想过于苛刻，也许是过于目标导向。有人说："我多年的冥想只是想让人们觉得我修行得很好。"或者，"我冥想是因为觉得这样对我有益。"所以，我们对待冥想的态度，其实与我们对待生活的态度是如出一辙的。我见过很多学生陷入这样的思维模式，这是很正常的。不要因此而自责，反倒可以通过冥想更深入地了解真正的自己——无论是最明智的一面，还是最困惑的一面。冥想为你提供了一个机会，去全面了解自己。对冥想的过程或结果进行评判，实际上是对自己的一种隐性攻击。

在冥想的过程中，我们所锻炼的"留下来"，实际上是静心观照、专注于当下的一种练习。惊人的是，这与教育孩子有着异曲同工之妙。当我们冥想，试图让思绪"留下来"，我们学习如何平和地观察、不被纷扰所困。而对于教育孩子，家长亦应持有这"留下来"的理念。当孩子情绪激动、遭遇困难或与我们发生争执时，真正的智慧并不是急躁地指责或命令，而是"留下来"——深呼吸、平静听取、全心理解。但遗憾的是，许多家长宛如自大的暴君，选择了铁拳铁脚的方式。他们沉溺于一种错觉，认为严厉即是责任，控制即是关心。如此一来，孩子们往往感到窒息、受限，久而久之，对家长的信任和亲近感可能会被逐渐侵蚀。其实，并不需要将自己的意志强加于孩子，而是灌溉孩子的思考，让他们的灵魂得以自由成长。正如在冥想中，我们不强迫思绪停留，家长也应该让孩子在温暖和指引下，自由翱翔。那些过于自以为是的家长，以为他们为孩子铺好了黄金大道，但实际上，他们可能只是在给孩子制造更多的障碍。这种"留下"是让孩子感受到理解、支持和自由，而不是不断地施加压力和束缚。希望每位家长能够真正认识到，成为孩子的朋友和伙伴比作为令人生畏的"教育机器"或者追求他人眼中的"成功人士"更有意义。我深信，与孩子并肩、理解和鼓励的家长角色远胜过武断的指挥者。愿所有家长能早日觉醒，真心为孩子的未来考虑，而非僵化地以"训练师"的方式束缚他们的成长。

回到冥想中，往往在最深的地方，我们常常会体验到一种无与伦比的坚持和忠诚。这不是对任何特定目标的坚持，而是对当下、对自我存在的坚持。这种坚持并不是刚硬或顽固的，相反，它是温柔、包容的，这种特质在冥想中被称为"慈爱"。"慈爱"是一种特殊的情感状态，它与简单的自我满足或自爱并不相同。它是一种深入骨髓的关怀，一种对自己和他人都持有的无条件的爱。在这种状态下，我们不仅关心自己的幸福，更关心自己的真实、内在的健康和平衡。可是人们很容易将"慈爱"与日常的满足——如泡个澡或去健身——混为一谈。当然，这些活动可以带给我们短暂的欣慰，但"慈爱"是更深层次的关怀和理解。有些人可能会用健身来逃避生活中的困境或压力，甚至用它作为一种自我惩罚的方式，把自己逼到极限，试图通过痛苦来证明自己的价值。而另一些人，可能真的只是希望通过运动来放松身心，让自己更有活力地面对生活。关于"慈爱"，最重要的是，每个人的体验都是独特的，没有固定的模式或标准。你是唯一能真正解读自己行为背后情感和意图的人。但在追求"慈爱"的路上，我们都应该时刻提醒自己，真正的关怀和理解，是要深入到心灵深处，而不仅仅是停留在表面的行为和感受。

在冥想中，我们经常听到"慈爱"这个词，但重要的是，我们不能误解它为某种纵容，使我们变得脆弱，难以对自己的生活中的困难持开放的心态。我常常这样定义慈爱：它让我们变得坚韧。慈爱的一种特质是坚定不移，这是通过冥想培养出来的。无论遇到什么困扰、身体不适或不愉快的回忆，我们都要坚定不移。你与自己相处，越来越接近自己，不管身边发生了什么。你不尝试摆脱任何东西——你还可以感到伤心、沮丧或愤怒。你认识到自己是个有情感波动的人。我们可以继续感受悲伤、挫败或愤怒，但我们也同时认识到自己的情感广度。当我们对自己抱有慈爱时，我们也在培养坦然的心态。这意味着我们能够与自己和外界和平相处，不再为事物的"对"与"错"矛盾挣扎，不再评判事物，不再被固有的看法所束缚。无条件的友善是让我们能够与自己相处，不再为经验贴上"好"或"坏"的标签。我们不必对自己看到的东西过于感伤或绝望。

如果我们只要冥想一周或一年，就能完全看清并摆脱所有坏习惯，那冥想一定会受到大家的追捧，胜过任何药物或度假胜地。但我们的习惯已经养成了很长时间。而且，如果你相信轮回，这些习惯可能跟随你更久。这短暂的人生或许也是每个人的机会，该如何利用这段时间是关键。冥想就是一个过程，逐渐地，我们的习惯会消融。我们并不真的放弃什么，只是持续地与自己为伴，更清晰地意识到自己的真实面目。我们和自己建立友情，对自己抱有慈爱，随着时间的推移，我们对他人和世界的善意也会增加。

　　我读博士的时候才开始冥想的，我的老师总是鼓励我。他说真正的友善是与自己为友。这对我来说很困难，因为我总是在冥想中感受到那些想要避免的痛苦和尴尬。他告诉我，与自己为友意味着看到自己的所有，不逃避，不背叛。因为这是真正的友情。你不会抛弃自己，正如你不会在好友面临困境时放弃他。当我和自己的身体、思想和情感建立了友情，我能够更自在地与自己相处，随时处在当下。在冥想中，我学会了回到自己的呼吸，不再责备自己。当然，我仍然会有冥想时被各种情绪和思考干扰的时候。但多年来，我变得更加沉稳。无论我遇到什么情况，我都能找到一种与自己和外界的和谐。生活总是变化无常，有时美好，有时糟糕。而与这连续的变化和平相处，正是我进行冥想的原因。

7. 你自己就是大师

在我使用超个人心理学的方法教表演时，我们有时会用到一些小故事或"小故事大道理"来进行反思或指导。这些小故事像古老的谚语，帮助我们更深入地观察我们的思维和行为习惯。有一则故事这样说："在两位证人中，信任那主要的一位。"这意味着，有很多人会给你宝贵的意见，这当然很有帮助，但归根结底，只有你最了解自己的表现状态。我为你展示了表演的基本技巧，但只有你最清楚自己真实的情况。你是自己生活的首要见证人，你需要开始相信你的直觉，明确自己在特定时刻需要什么。这就像我们成为了自己的表演导师。内在的指导者始终伴随着你，清晰地告诉你当前的状态。

尽管我建议与导师、教师或知己合作，但在某个特定的练习或任何时间里，他们无法完全看透你的内心。他们不一定知道你是否太过分散注意，是否太紧张，思绪是否飘忽，或是情绪是否太沉重。只有你知道此刻的心情如何，你感受到了多少空间，多少平静，多少稳定感。在这方面，你足够聪明，可以在表演的实践中自导自演。举个例子，一个导师可能无法告诉你何时真正深入角色，或者你是否太过紧张需要放松。这都是只有你自己能感受到的。我曾有一位老师说："好，我们现在开始表演"，然后大家都进入状态。"每个人都全神贯注，体会每一个细节。"我们可能这样坚持二十分钟，然后结束表演。然后他会说："在整个过程中，你唯一真正的表演是在最后那一刹那。"

这真的常常是这样。每个人都摆好姿势，真心尝试与他们的呼吸同在，然后斗争、斗争、再斗争。因为声音，而非成为冥想的对象，却让他们分心；思考，也非成为冥想的对象，反而使他们分心。对很多人来说，当定时器或锣声响起时，冥想的体验开始了，持续一小段时间后他们就消失了。他们已经离开了冥想状态。然后，当锣声或定时器再次响起结束冥想时，他们终于做了一个深长的呼吸。所以，冥想开始和结束时的那些时刻，往往是最深刻的，只有你能够真正感受和明白。这样的时刻告诉我们，当我们过于沉浸于技巧和努力时，我们就完全丢失了冥想的真正意义。你自己就是导师，当这些领悟和恩典在你的实践中显现时，你可以捕捉到它们。当我们过于努力地冥想时，我们很容易失去最初决定冥想的原因。正如我在上一章提到的，对自己要慈善。你不需要因为一些杂念而自责，或者纠结于是否"做得对"，或者你的技巧是否"恰到好处"。重要的是，你要注意如何处理这些无数的潜在干扰。冥想是关于放下我们是否完美地进行它的想法。

因此，当你进行冥想时，你确实需要考虑空间，让自己身体放松，与自己对话。你确实希望连接到姿势的六个要点和你的呼吸。但我也想说，作为你自己的冥想老师，你应该给自己的关键冥想指示就是简单地放松。我们无须做任何事。我们休息在我们的思绪和情感之间的空间，我们的疼痛和担忧之间。这个开放、当下的空间有着难以置信的智慧。我们正在打开自己，感受这个丰富的、有机的、独特的当下时刻。我们不再努力、努力、再努力。我们不再试图控制或努力地经历它。

有时，这种进入当下的能力被称为"孩子般的心态"，因为小孩，那些小不点，就是这样开放地看待事物，从那种放松，从那种当下感。你还记得小时候坐在灌木下的感觉吗？或者去奶奶家的感觉，她的家和花园的味道，她的香水的味道如何？想象一个孩子去博物馆，根本不知道他们看到的是唐伯虎还是梵高。完全不知道。孩子们只是用这种开放的意识看待。如果他们还很小，他们几乎不知道他们看到了什么，但他们对颜色和形状感到开放。

冥想呼唤我们返回或调整到这种天然的当下感知和聆听的能力。真的，变得更有意识。你可以称冥想为一种充分意识的实践，而不是处于无意识、沉浸于思考和漫游的状态，这是一个很常见的状态。在这个实践中，我们对自己保持忠诚，就像我们希望老师在指导我们时对我们忠诚一样。冥想接受我们的一切——无论是我们的脾气发作、坏习惯，还是我们的爱、承诺和幸福。它让我们的身份变得更加灵活，因为我们学会了用更多的温柔和开放来接受自己和所有的人类经验。我们学会了用开放的心接受当下。每一个时刻都是无比独特和新鲜的，当我们进入这个时刻，如同冥想允许我们做的那样，我们学会了如何真正品味这个我们共同分享的娇嫩和神秘的生活。

第二部分 带好你脑子里的孩子

当旅人乘坐小船，透过波光粼粼的水面看到河岸的小镇与安静的乡野，河流不会因此减缓流速，小镇与乡野也不会因此产生涟漪。彼此独立，和谐共存。当你冥想时，这正是你应对心中涌现的思绪的方式。

8. 心灵遇上了小蜜蜂和野马

心灵的天性就是思考，就如同身体自然地呼吸，或心脏自动地泵血。超个人心理学中的冥想，并不是要摒弃思维，而是培训心灵，让其回归到它应有的能力，即时刻保持当下的觉醒。

我们的心，可以像放置在一个物体上，或是一个经验中，可以定格在那里。在第一部分，我建议你从专注呼吸开始你的冥想练习。但往往我们只尝试几秒钟，那忙碌如小蜜蜂的思绪，或那像野马一样狂奔的心，就将我们带到了世界的另一端，或者是十年前的某个记忆。之所以我们不能时刻保持冥想，是因为我们无法做到，我们的心不在此地。因此，我们的心灵需要训练。

但我们的目标不是训练一个更好的心灵；而是唤醒它天生的清醒。从古至今，无论在什么传统中，要做到这一点，都是通过冥想。我们回到呼吸，回到身体，回到冥想的焦点。有一天，我突然意识到自己短暂地失去了与当下的联系，大约五六秒钟。我彷佛乘坐着那狂奔的心，进入了一个完全不同的世界。我在想某件事。我想，"天哪，我们有这样神奇的能力，可以如此轻易地逃离，不再此地。这已经成为我们的习惯了，因为我们多年来一直在这样做。这似乎已经变得自动化了。"

在我与学生们分享超个人心理学与冥想结合表演的理念时，总是有些尖锐而聪明的提问浮现。他们疑惑："这真的可行吗？在我们的经验中，心似乎总是乱想，这真的是我们在生活和表演中所追求的状态吗？"这些疑问促使我更深入地研究超个人心理学，并且开始了我的冥想之旅。我深知冥想和表演之间的联系：都要求我们全身心地投入，保持当下的觉醒。我鼓励学生们不要仅仅依赖我所说的，而是亲自体验。在经过一段时间的培训后，他们渐渐发现，当他们真正地清醒并专注于当下，他们的表演更为真实、深入。在舞台上，演员们常常会发现自己的思绪开始飘忽。这时，他们可以借鉴冥想的技巧：用"思考"这个标签来唤醒自己。这并不是为了驱散这些思绪，而是为了意识到它们，并重新与角色和情境建立连接。在这个特殊的表演冥想中，演员们学会了如何识别自己的"思考"意识，并迅速回到角色中。这就是我课程中希望传达的核心理念：结合冥想与表演，让心灵与角色紧密相连，使得表演更具深度与真实性。

但其实探寻这个问题的答案是吸引我开始冥想的一个重要目的。Dr. George Guim 常告诉我说："不要仅仅因为我这么说就认为它是真的。真正地用你的经验去测试它。"我发现这是真的。需要很长时间才能看到，你实际上可以清醒地活在当下，并且用一种创造性和投入的方式生活，而不是让你的心灵时刻漫游。所以当你冥想时，注意到你的心灵从呼吸中飘走，离开了此刻，你只需用"思考"这个标签，唤醒自己。这并不意味着要推开那些思考，而是要注意它们，并回到呼吸中。在冥想中，只需确认你的"思考"意识，然后重新专注。这一教导就是这么简单。

9. 你的脑袋有几层楼？

许多冥想教程都提到三个层次的离散思维。在第一层，我们完全沉浸其中，如同身处异地。我们的思绪带我们远离了当下，仿佛沉浸在一个长长的梦境中。这种状态也被称为幻想。当你从这样的思绪中回来，就好像走进一个你离开了一段时间的房间；你已经到过其他地方了。这是离散思维最明显的表现，它可能是一个完全的虚幻——甚至是错觉的经历。

当你从这样的状态中醒来，或者告诉自己"在思考"时，你可能会感到有点自责，因为你离你的冥想状态飘得太远了。请注意，当你告诉自己"在思考"时的语气。如果你的语气很严厉，或者你觉得"在思考"就像"做错了事"，或是感到沮丧、气馁，那么请注意这些感受。这正是你需要放松和给予自己温柔的时刻。以友好的态度对自己说："只是想想而已。"在冥想结束后，你也应该这样做。开始留意自己对思想和行为的反感或批判，然后放轻松。放松心情，你可以改变那种批判的声音，变得更加温柔、善良，更有同情心，对待你生活中的所有事物。将思绪标记为"在思考"，其实是培养一种不带偏见的态度的过程。

过于批判自己会阻碍冥想的深入，而严厉的自责会阻碍觉醒。这种对自己严厉的倾向并不是我们天生的，而是来自于我们的自我和习惯的培养。我们都拥有内在的善良之种，只需去滋养它们。滋养内在的善良意味着不对自己的思维评判和自责。我们不能控制我们的思维数量，也不能预知下一个思维会是什么。在练习的时候，尽量保持对冥想指导的忠诚，以温和的态度对待自己。我们在训练注意力，但这是一种友好的注意力。我们在进行标记训练，但这是一种友好的标记。某位大师建议，当你努力将注意力从杂念中收回时，你应该采取一种像小孩一样的天真态度，就像你劝说一个宝宝吃饭，但宝宝总是分心。你需要反复地提醒宝宝吃饭，让宝宝看看勺子，然后你将食物喂给宝宝。你总是尝试着将宝宝的注意力拉回来。

幻想和深沉的思考是离散思维的一个层次。第二个层次是走神，但并不完全是。你可能沉浸在一个思绪或故事情节中，但很快你会醒来，回到现实。你并没有完全沉浸在幻想中。或许是一声响动打断了你，然后你的思绪就跟随着那声响。或者你突然感到饿了，开始考虑午餐吃些什么。你很快意识到这一点，并返回到现实。对于这种短暂的思绪，方法都是一样的。你坐下，专注于呼吸；当思绪出现，不要过于纠结，简单地将注意力带回。如果你让这些思绪带你远离现在的时刻，你正训练自己变得分散和容易被打扰。要花时间和决心来对抗这种根深蒂固的不在场习惯。普通的生活中，真正的清醒时刻很少，可能每一百个时刻中只有那么一次。认识到这些短暂的离开是很重要的，因为它们真的会累积起来。

当你投入更多的时间和决心来练习，你可能会发现你的思绪变得更多。很多人，甚至是经验丰富的冥想者，都会说："我觉得我现在的思考比以前还要多！"他们感觉自己越来越容易分心，思考的次数也在增加。事实上，在你开始冥想之前，你并没有意识到自己有多少思绪。但现在你知道了，所以思绪似乎变多了。意识到这些无休止的思绪其实是一个好兆头，它表示你的知觉和看清事物的能力都在增强。

还有一类思绪是完全不会打扰你的。你坐下来，将注意力放在呼吸上，然后会有一些模糊的对话或思绪在旁边出现，但它们不会带你走。就好像你是这些旁边的思绪的见证者，但你并没有完全进入其中。在这种情况下，你不需要为这些思绪贴上"思考"的标签，而且通常你不会因为这些思绪而自责。然而，认识到这种水平的思考是很重要的，并且要区分它与那种会带你走的思考。随着你修行的深入，你可能会更经常地体验到这第三种思绪。你始终专注于自己的修行，虽然思绪不断出现，但它们并没有打扰你。它们就在背景中发生，而你仍然专注于呼吸。记住，不需要强迫自己。你不需要努力不去思考，因为那是不可能的。所以对于这些背景中的思绪，告诉自己："好！这很好，完全没问题。我真的不需要给这里的任何东西贴标签，也不需要努力使它更清晰。这很好。"

在所有的思绪中，有三个词或概念可以帮助你在修行中放松对思绪的抵抗。第一个词是"柔和"。要对自己的思绪持有柔和的态度；你不能避免思绪，也不能控制自己何时会被分心，以及分心的时间有多长。第二个词是"耐心"。耐心会给你的修行、你的生活带来放松。永远不要低估对自己有耐心的重要性。你可能有一周的时间，思绪像坐过山车一样带你上上下下。

也可能有一个小时，你完全没有与呼吸连接，只是沉浸在过去的某个事情上。修行的路径并不是线性的。有一天，你可能只有那么几个不会分心的小思绪，你会想，"我真的掌握了这个！我觉得自己充满活力，如此清醒。"然后，下一次，你一坐下，咚！你完全沉浸在幻想中，直到时间到，你会觉得如此沮丧，仿佛要从桥上跳下去。这种体验其实是很宝贵的，因为它让我们更加谦逊。我们的心灵就是最好的老师，因为我们正在逐渐增长的觉察和警醒，或是日益加深的善意，其实都足以激励自己了。然而有时我们可能对此感到过于自负。换言之，我们的人性，那些流散的思绪，还有我们无法完全驾驭那颗跳动不定、昏昏欲睡的内心，正是这些帮助我们维持生活的平衡。我想给你的第三个词是"幽默"。柔和、耐心和幽默感。当我觉得自己的思绪像小蜜蜂在花丛中忙碌飞舞，或者像野马在原野上奔驰时，我选择用幽默的态度对待。

曾经有一次，我沉浸在自己的思绪的旋涡中，仿佛被卷入了一个无法自拔的旋涡。那一刹那，我突然惊觉，原来我内心的世界可以如此狂野，如此不受约束。这种感觉，好像我被困在一个疯狂的车厢中，那车失去了刹车，在陡峭的山路上急速下滑，我束手无策，只能感受那从未有过的速度与冲击。我的心跳加速，每一个思绪都像是一只狂放的小蜜蜂，在我的脑海中忙碌地飞舞，或者又像是一匹狂野的马匹，携带我在无垠的原野上飞驰。我试图控制，试图寻找平衡，但仿佛那马已经失控，我只能紧紧地抓住它的马鬃，任由它把我带向未知的地方。在那风声呼啸、思绪如海的瞬间，我意识到，这种失控的状态其实并不陌生。我的内心一直都有这样的疯狂，只是以前我从未如此深刻地去感受它，去体验它。但这并不可怕，因为这只是思绪，它们会来，也会去。我学会了不再恐惧，不再抗拒，而是用一个宁静和幽默的心态去面对，去欣赏这思绪的舞蹈，去体验这生命的狂野。

我们的思绪就如同四季更迭的天气，忽而狂风骤雨，忽而阳光明媚。但无论如何，它们都会过去，如同云彩在天空中流转。在生活的修行中，我们无须紧张地抓住每一个思绪，也不必把它们看得太重。它们只是思绪，不是现实的当下。让它们在你内心的广阔天空中自由飘过，而你，只需以一颗幽默、宁静的心去观察，去体验生活的每一个瞬间。

10. 思绪也能当模特！

在第一部分，我为大家分享了基础的冥想方法，并建议你们把呼吸作为冥想的对象。你将注意力放在呼吸上，尤其是呼出的瞬间，当你的心神开始飘散时，重新集中到呼吸上。随着你逐渐形成冥想的习惯，你可以开始尝试使用其他对象作为冥想的焦点。例如，你实际上可以使用思绪本身作为觉醒的支撑。这听起来似乎与直觉相反，但思绪确实可以帮助稳定你的心智。毕竟，我们有无数的思绪可以去体会！

将思绪作为冥想的对象，就好比是火车站的售票员。火车站里，列车不断进出，每一趟都载着各式各样的乘客。售票员坐在售票亭里，看着这些乘客进站，然后登上各自的列车。但是，售票员并不跟着他们一同出发，只是从容地记录每一趟列车的出入。同理，我们的脑海中，思绪如同那些列车和乘客，不断地进来然后又离开。而我们的意识，就像那位售票员，只需冷静地观察它们，不用随之起伏。我们看到这些思绪，但并不深陷其中。它们来了，待了一会儿，然后再离开，就如同火车站中的列车和乘客一样，永不停息，但我们可以选择保持冷静，不随之动摇。

冥想练习：以思绪为对象

初步准备：

为自己设定一个 15 分钟的冥想时长。

找到一个安静的地方，确保不会被打扰。

开始时，回想你之前在本书第一部分所学习到的一切关键点，允许自己进入一个安定的状态。这可能需要你深吸几口气，放下所有的杂念。

寻找并保持一个合适的坐姿。确保背部挺直，双脚平放在地上，双手可以放在大腿上。

将注意力转向你的呼吸。深呼吸，感受空气流过鼻腔，填满肺部，然后缓缓呼出。

花费一两分钟的时间，真正地放松自己。放松每一块肌肉，放空脑中的每一个念头，再次将注意力回归到呼吸上。

深入观察：

接下来，将你的焦点转向内心。

仔细观察你的思绪。它们是密集还是稀疏？是否像流水账般连续，还是几个念头之后有一段空白，然后又是新的思绪？

是否能够将你的思绪分成几个句子，几段话？是否在一系列的思绪后有一个明显的间隔，然后思绪再次开始？

你的脑海中是否有很多空白，偶尔穿插着几句话，然后再是一段长时间的空白？

你的思绪是不是像一个连续不断的对话？是否感觉疲劳，思绪中充满了无意义的杂音？

意识的专注：

这些都是你此刻的思绪，真实地反映了你的内在状态。

你的目标是将你的意识放在这些思绪上，而做到这一点的方法就是单纯地观察。

不要试图控制、改变或评价它们，只需从一个旁观者的角度观看。

结束与放松：

完成这一过程后，为自己放松片刻。

深呼吸几次，然后轻轻摇晃你的身体，让每个部分都放松下来。

如果你愿意，可以稍微伸展一下，或者只是静坐，感受这一时刻的宁静和平和。

当你沉浸于内心和思绪中，很容易被各种念头所带走，导致失去专注。但每次这种漂泊发生，你总会经历那种猛然回神的时刻，重新捕捉到自己的注意力。这是一种纯粹的冥想体验，一个真正沉浸在此时此刻的瞬间。虽然人们可能经历过无数次的冥想，但这种自然而然的回到当下的感觉，往往出现在最不经意之间。它像流水一样不断涌现，波动不居。面对这些思绪的关键，是如何对待它们。每当被它们带离，心灵都有一种天生的力量将其召回，重新聚焦于当下。这并不是通过努力训练而来，而是一个内在的、源于对现实此时此刻的洞察力。

思绪更不是障碍。它们可以作为我们成长的催化剂，成为经历、学习和进步的通道。关键是，不被它们完全左右，而是学会与之共舞。当思绪冒出时，不必逃避或对抗，只需静静地观察，理解它的本质，然后放手。这种与思绪的和谐互动，使我们更深入地了解自己，更加珍视每一次与内心的深度交流。

11. 一切都是白日梦？

当我分享关于冥想的理念时，我喜欢引入这样一个观念："将所有思绪视为梦境。"这实际上是告诉我们，所有的思绪都应该被看待如同梦境一般。这是冥想的一个核心建议。它提醒我们，当我们静坐冥想时，会逐渐明白，所有在心头涌现的念头，都是大脑的产物。

这些思绪不是固定的实体。它们并不是我们可以实实在在触摸和握住的东西。它们是观念，是由我们的经验和环境所塑造的解读。例如，无论我们在想亚龙湾海滩、某个心爱的人，还是午餐要吃什么，这些都可能感觉非常真实。但亚龙湾海滩并不真正摆放在你眼前，午餐的时间还没到。

再次强调，当我们意识到这一切只是思考的过程，我们会简单地称之为"思考"。说"思考"时，仿佛我们在承认，我们的所有思绪其实都是像梦一样的幻觉。在冥想中，心灵所创造的幻觉，可能激起从恐惧到欢喜，从悲伤到好奇，再到愤怒的一系列情感。有些念头会让我们泪流满面，有些则能带给我们欢笑。在日常生活中，我们常常被那些自认为真实的思绪牵引着前行。所以，当我们说"将其视为梦境"，我们就更容易意识到：我们认为坚固的现实，其实远比我们想象的更为虚幻。

认识到我们思绪的飘渺特质，可以让我们从无尽的困扰与痛苦中解脱出来。一个简单的思考或无名的恐惧，可能会演变成一段令人痛苦的故事。这种习性可能损害我们的生活质量和与他人的联系能力。冥想正是帮助我们学会如何不被思绪牵引，如何平和地面对每一个涌现的念头。尽管我们常常对自己的思绪做大文章，但它们实则如梦，无实质、无重量，它们犹如天空中的泡泡或浮云。当你意识到自己在沉浸于思考中，轻轻地触碰那个思绪，让它自然溶解在浩渺的天空中，如同轻轻触碰一个泡泡般自然。

在广阔的心灵天空中，我们的思绪如同透明的泡泡，轻轻一碰，它们就会消散。面对这些思绪，我们并不需要像对待靶子那样将其击落，也无须用剑穿透或用锤子砸碎它们。实际上，我们真正要做的就是让这些思绪自然地溶入那无尽的蓝天中，正如用羽毛触碰泡泡般简单。

你是否曾经清醒地梦见过某件事？这种体验被称为"清晰梦境"。当你在这样的梦中醒来，意识到自己只是在做梦，那感觉相当强烈。我有过这样的经历，非常有趣。当你开始关注这类梦境时，你会意识到梦中的一切似乎都是那么真实。在清晰的梦里，如果你扔掉某物，它会掉落、发出声音，甚至可能会破碎。你在街道上行走，周围是完整的景观，一切都仿佛你正清醒地生活其中。长时间体验这种梦境后，你可能开始质疑，清醒状态与梦境之间真的存在差异吗？

实际上，我们的思绪与梦境无异。我们可以选择从中觉醒，回到充满活力的当下。我们可以学会放松心灵，不再执着地捕捉和具象化每一个念头。我们没必要死死抓住它们，或是为它们付出过多的注意，更不应让这些思绪把我们带入迷宫般的深渊。

当你说"人生如梦"，另一种理解就是"这里有无尽的空间"。我们的心灵世界如此宽广，让我们有充分的空间自由驰骋。然而，相反的是，我们常常让自己陷入习惯性的困境中，感受到一种窒息的经验，似乎一切都那么沉重、实在。但如果我们能放开对思绪的执着，视它们如梦幻泡影，那么我们就为自己创造了一个更大的世界，让我们更加深入地体验生活的每一刻。

第三部分 与情绪的探戈

应对情感，要触及其深沉之质。情感的原点，无非是生命之能量。若能与此能量心灵相通，那情感便如流水，不悖不和，自在流淌。

12. 把情绪请出来跳舞，别躲！

在冥想实践中与情绪打交道对我来说是一个重大的课题。我们的思绪往往相当轻盈，就像轻飘飘的散漫思想。我们在想："午餐吃什么？"或者，"今天早上洗衣机我按开始了没有？"有时，我们会有一些最奇怪的想法。也许你会回忆起你的丈母娘喝奶茶吃薯片的情景。这是从哪里来的呢？有时这些思绪会带你走神。它们通常会这样。但很多时候，它们并没有太多的情绪在里面。这些穿梭在你脑海中的小事来去如风。你可以完全沉浸在这个幻想世界中，但另一方面，它却相对轻巧。当你意识到自己在思考时，你会说"在想什么？"你让这些想法走开，然后你回到了当下。也许这只持续了半秒钟。

但如果你坐得更久，坐得越久，就会毫无疑问地涌现出痛苦的记忆。突然间，你开始对抗自己的感受，涉入了大量的情绪。我多年来一直建议：当你在冥想之中，甚至在你的日常生活中，注意到自己被钩住了，注意到你被触发或被激活了，是第一步：你承认情绪已经产生。接下来，我建议的就是放下故事情节，倾身而入。只须暂停一下，在那一秒钟与宽广、开放相连。我称这为"暂停实践"。这就像给自己按了暂停。然后，你全身心地投入到情绪的质地或体验中，没有故事的情绪是怎样的感觉？悲伤感觉如何？愤怒感觉如何？它在你的身体里是什么位置？你让情绪的感觉成为你冥想的对象。我之所以如此致力于此类分享，是因为情绪本身是一种激进而强有力的觉醒方式。

毫无疑问，这是每个人都会失控的地方。我们对自己的情绪有太多的恐惧，太多的厌恶。你被情绪的势头抓住，它会像你在它的控制下一样把你卷走。但我发现我们可以采取另一种方式，那就是进入我们实践中出现的情绪。情绪实际上是非常赋予人力量的；我称之为"加速转型"。当你在静坐实践中经历困难的情绪，并放开体验背后的文字和故事时，那么你就是与纯粹的能量同在。是的，这样做可能会感到痛苦。这挺有意思的，因为有时当我上表演课时，摄像机会进来拍摄人们冥想的照片，看起来每个人都坐在那里，完全宁静。如果你能看到人们头上的对话框，或者感觉到他们的感受，你可能会震惊。旁边的人不知道你正在以图形、令人心碎的详细信息重温童年的恐怖故事，或者你正处于深度抑郁中，或者你在经历世界上最淫秽的幻想。我们看起来和实际发生的情况往往大相径庭。我们只是坐在那里，采取一个平和的姿势，看起来我们只是体验到了开放和平静，但实际上完全不是这样。

像许多智者一样，你可以了解自己的能量并与之和谐共存。你与自己的能量建立了亲密的关系，它不再控制你的生活。你的习惯性反应不会消失，但它不再控制你。在很多方面，我们确实需要与自己的情感建立亲密的关系。有时，甚至可能会成为一生都难以走出的阴霾。

我想给你讲一个关于我好朋友的女儿张小夏的真实故事，她是美国华裔女性作家、艺术家。前不久，小夏刚签了份合同，为 8 ～ 12 岁的孩子写两本虚构作品并绘制插图。有机会创作富有想象力和趣味性的新故事让她感到兴奋，但更重要的是，在很长一段时间里，她都担心自己会永远被视作一起著名案件的受害者。是的，她遭受到了性侵。2015 年 1 月，小夏沐浴在青春的光芒中，与妹妹一起决定参加大学的一个兄弟会派对。这所学校对小夏来说并不陌生，她与妹妹就像是在学校里长大的一样，这里充满了她的回忆。然而，那晚，一个突如其来的恶梦将她推入了深渊。她在派对上失去了意识，醒来时发现自己已成为了性侵的受害者。作为学校里的游泳明星，施暴者布罗克成为了这一切的始作俑者。感谢两名过路的留学生，他们发现了施暴者的罪行并通知了警方。当小夏试图在法庭上寻求正义时，她发现自己不仅与施暴者和他的律师进行斗争，还要面对公众的质疑和偏见。媒体上充斥着对施暴者的同情和为其辩解，而小夏则被标签化、被质疑，甚至被嘲讽。这个过程深深地伤害了她，让她觉得自己再也无法找回那个纯真的自己。在交谈中了解到当时小夏一度陷入极度抑郁，但是最终还是走了出来。小夏的结论之一是我们一直在变化；我们的一切都在不断地变化。她说："当你对自己有一个固定的看法时，你必须忽略那些你觉得无趣、尴尬、困难或伤心的部分。你避开了你不想感受的情绪。当你这样做时，当那些部分不被接受时，它会在你内心慢慢地侵蚀你。这些被忽视的部分就像背景中的嗡嗡声，正在蚕食着你，你需要找到一种逃避来摆脱它。而我的逃避就是不面对。"

她并没有放弃。她将自己的经历写成了回忆录，并在其中公开了自己的真实身份。她不再是那个被施暴者伤害的女孩，她是张小夏，一个坚强、勇敢、有尊严的女性。经过时间的沉淀，小夏开始意识到，为了重新定义自己并与过去的自己和解，她必须首先面对自己的心魔。她开始寻求治疗，参与支持团体，并倾听其他受害者的经历。这个过程虽然充满了痛苦，但也给了她重新开始的力量。如今，当我们回顾这段历史，可以看到一个从深渊中走出来，重新找到自己的女孩。小夏通过她的坚韧和决心，向世界展示了一个受害者是如何超越伤痛，找回真正的自己的。小夏这样说，在法庭上，人们恐怕低估了她，对她产生了说话温和、容易被打垮的印象。"我想扭转他们的印象，让他们看到美国华裔女性的直言不讳、张弛有度、勇于挑战、坚强不屈。我们可以改变法律；我们可以是站在话筒前面的那个人；我们可以成为故事的中心，那个英雄，而不仅仅是画框外的小配角。"

为了我们能够完全地活在当下，完全地体验生活，我们需要认知和接受我们的所有情感和我们的所有部分——包括那些令人尴尬的部分、我们的愤怒、我们的暴怒、我们的嫉妒、我们的羡慕、我们的自怜，以及所有这些席卷我们的混乱情绪。逃避体验我们完整的人性带来了各种痛苦和苦难。冥想为我们提供了一个机会，裸露和新鲜地体验我们的情感，不被"对"和"错"、"应该"和"不应该"的标签所束缚。

13. 深入情绪的背后

有一次我和乔治在家聊天，他给我说过这样一句话："分心与不满是并行的。"你可以在自己的经历中验证这一点。没有什么比当下的存在更真实、更直接、更能逆转习惯的了，就是与你自己相处，原原本本，与你的情绪相处，就这样如其所是。尽管这可能很困难，但这种训练的结果是不再挣扎：不拒绝你的经历，全身心地与自己、与这个世界、与他人在一起。

当你回到与真实的自己相处时，另一个结果是情绪不会升级。石头掉进水里会发生什么？涟漪散开。如果石头足够大，它甚至可以在湖的另一边晃动一条小船。通常来说，当情绪涌现，你认知到，"哦，我开始激动了。啊,我的心跳加快了。哦,我感到害怕。哦,我感到怨恨。"或者只是,"哦,我被激活,被触发了。"在那一刻,当你承认这些时,会有一个空间产生。只是通过承认或足够地保持清醒、有意识,你就会发现那个空间,在那个空间里,你有能力选择如何反应。你可以继续留在你所感受到的任何事物中——无论是情绪的强度、热度、尖锐度还是不稳定性——或者你可以让自己分心。你可以被情绪所捕获,被带走,这通常意味着你开始对自己说发生了什么。你使它变得越来越混乱,就像涟漪一样扩散开去。

当你选择加强情绪,当你选择夸大它,当你选择让情绪控制你,让情绪带走你时,一连串的痛苦就开始了。它像那些涟漪一样触发了自动的连锁反应。因此,在冥想中,我们练习让那块石头——"情绪"——落下而不产生涟漪。你要和情绪呆在一起,而不是转向自动反应,这种反应已经成为你多年的习惯。

相信我,做一些如此激进、如此与习惯背道而驰的事情,哪怕只有两秒钟,也不去触发那个连锁反应,都会彻底打开你的生活，让你从开放的意识空间中工作。如果你不拒绝情绪，它们实际上会成为你的朋友。它们变成了你的支撑。你的愤怒成了你稳定的支撑，让思想回到其自然、开放的状态。情绪成为你保持清醒和在场的支撑，让你有意识而不是无意识，让你在场而不是分心。那些在你生活中一直是怪物的东西有能力将你完全带走，或者成为你真正的朋友，你的支撑。这是一种完全不同的生活方式，对同样的旧事物有着完全不同的看法。

14. 让情绪成为冥想的伙伴

情感是生命动态能量的自然涌现。思考也是自然而然地出现的。所有发生的事情都是自然发生的；你其实并没有真正创造出任何事物。当某事发生时，你可以邀请它成为你的朋友，支持你的觉醒。情感并不必然是邪恶和可怕的；它们只是一种能量。是我们为自己的情感贴上"好"和"坏"的标签。

尽管我们每个人对情感的体验都是独特的，但情感是一种普遍的体验。当情感涌现时，每个人都面临同样的选择。每个人都知道如何加强怒火这种旧习惯，每个人都知道如何感受怨恨和自怜。我们都很擅长于此。但与此同时，你是唯一一个有这种情感的人，尽管你的朋友和亲戚可能告诉你你在想什么、感受到什么，但实际上只有你自己思考这些想法并感受到这些情感。所以，每种情感都是独特的，它不必被称为"好"或"坏"，或任何标签。它就是它原本的样子。

请花几秒钟去想象或联系一个不愉快的情感。我不建议从非常痛苦的经历开始！我们都有让自己完全失控的不愉快的回忆或感觉。试着去联系某种类似于当某人拿走最后一块饼干时你多么恼火的情感。或者当你在说话时某人打断你，你有多么不高兴。从轻微的烦恼开始。通过处理这些"轻量级的情感"，我们就像在健身房锻炼一样，逐渐增强自己的力量。你从目前的状态开始，然后通过锻炼，你的实力会增长。所以，通过使用轻量级的情感（如烦躁或轻度焦虑），信不信由你，它其实是在增强你处理真正困难情感的能力。

冥想练习：利用记忆来增强自我意识

请安静地坐下，深呼吸片刻。尝试回想一个你可以用于此练习的深刻但有些许痛苦的记忆。可能是你曾经被人误解或批评的那一刹那。有些人通过重温某个具体的记忆来激发情感，而有些人则可能在心中构建一个能触动他们内心的场景或画面。这个过程不仅是对回忆的再现，更是一个深入探寻、了解自己情感反应的过程。

接下来，寻找一个愉悦的情绪。回忆起一个能引发这种愉悦感的时刻，或者想象一个使你感到开心的场景，比如被人称赞的那一瞬。只需暂时沉浸在这个记忆或形象中，体会那种积极的感觉。

在心中存有一个痛苦的情绪和一个愉悦的情绪，开始你的沉思之旅。首先，将你的意识引导到呼吸上，就好像呼吸是你身体与心灵的桥梁，让每一次呼吸都给予你力量和平静。将呼吸视为你在这次锻炼中的指导，它是你在忙碌和喧嚣中的宁静所在。每当你发现自己的思绪开始游离，被外界的纷扰带走，都轻轻地回到你的呼吸上，不需要刻意，只是自然地感受。

持续这样的专注练习大约五分钟。在这五分钟里，你可能会对自己的情绪有更深的体悟。然后，慢慢地转换状态，释放自己，让心灵进入一个开放、无边界的状态。仿佛你是一个空中的飘浮的气球，任由风带你去任何地方，但你始终知道自己在哪里，始终感受到那来源于呼吸的稳定和力量。

这是一个易于掌握的练习，但其背后蕴含的深意却是无穷的。在忙碌的生活中，愿你都能找到那份宁静的力量，与内心和外界建立更和谐的联系。

回想起任何事物都可以出现在你的意识空间中，并成为你训练的焦点。现在，请用心构想或利用记忆或视觉形象，将那个不愉快的情绪带入你的意识中，将你的注意力放在这个情绪上。

看看你是否能感知到这种情绪的质地。如果有人请你描述这种情绪的感觉，你会如何描述它呢？请全心地将你的注意力集中在这个情绪上，感受它的真实存在。

有些人发现，去感知情绪的温度、质地或者它在身体中的位置是很有帮助的。对于有些人来说，这很容易；而对另一些人来说，这可能相当困难。只需尽力与那个不愉快的情绪呆在一起。尝试这样做一小段时间，然后再次放松，回归到开放的意识中。

当你的思绪不经意地飘走时，轻轻地引导它回来，不要给自己贴上"紧张"或"错误"的标签。我们的情绪时常会带我们深陷于某个故事或琐碎的思考之中。当这些思绪浮现时，留意它们，感知这些思考，然后再将自己的注意力转向情绪的感觉。在感受那股情绪的当下，有一种可能性使我们走向开放和接受。你会发现，这样做真的很释放，逐渐会让你感到平静与安定。

我鼓励你去探索并深入体验自己的情感，让你真正体会到心灵的敞开。这是一个真正感受到心的温暖和广阔的方式。它也助长了我们对自己和他人的深沉的同情和理解。

那么，再次进行上面的练习，这一次请你回忆一个让你感到愉悦的情绪。

任何老师说的话，无论多么有说服力，都不能阻止你跟随情绪的脚步，从情绪到思考，再到情绪的升级。你需要深入体验你的情绪，需要静心体会它们，这样你才能开始明白它们是如何束缚你的。情绪原本如流水般动态和生机勃勃，但我们经常把它们冻结，无论是通过逃避还是放任情绪失控。我们使情绪僵化，并为其赋予了绝对性，导致它们对我们产生了巨大影响。所以，我们不断努力，希望通过专注打破这种僵化的状态。那种强烈的执著和僵化，正是我们真正希望中断的。

我真心希望，随着时间的流逝，每当你发现自己的思绪开始飘忽时，你都能更有决心地继续这种练习。

我希望你能深深地感受到回归的意义，去探索心灵的真实面貌。你正努力与自己心灵中的那种自然和开放状态建立连接，并逐步打破那种古老、根深蒂固的固守和执着。冥想的方式，以一种非常柔和、亲切的态度帮助我们打破对情绪的固守，因为我们引入了轻松和广阔的感觉。我们学会通过深入体验情绪并让它们如云朵般在天空中飘过，来感受情绪的流动本质。

15. 与情绪玩泥巴！

在我与我的导师 Dr. Ted Esser 的一次交谈中，他提到："为了发现我们心灵的开放和不固执的品质，我们必须愿意亲自去探索、去体验。"换言之，我们必须勇于直面那些令人不安的情感，那些似乎深藏在黑暗中的情绪。Dr. Ted Esser 告诉我，我们每个人都有曾让自己心惊胆颤的经历，为了真正体验内心的自然状态，我们需要真实地去体验这些情绪，去感受自己的自我以及对它的依恋。这可能听起来有些不安、消极，甚至有些疯狂。他说，许多人可能都希望冥想是一个可以逃避所有不愉快的放松时光。但实际上，很多人对冥想存在误解。他们以为冥想可以避开所有的坏情绪，一旦有不好的情绪涌现，就用"思考"这个标签来避开它，回到冥想的核心，期望自己不再进入那些不舒服的地方。

然而，Dr. Ted Esser 接着说，如果我们不真正体验情感，我们就无法触及心灵的深处。我们也听不到内心真正的呼唤。真正的出路，是经历而非逃避。那么，如何去"体验"情感呢？我们如何面对通常我们会避免的那些负面、困扰、不稳定的情绪？我们如何真正去感受它们呢？他指出："只有深入体验你的情感，你才能领悟到真正的清醒。"内心的自然状态不仅由美好的情绪构成，它实际上包含了一切。它有宁静、有激动，有平和、有起伏，有苦与乐，有舒适与不适。这种自然状态意味着对所有这些情感的开放，并在它们之间找到存在。

因为我们习惯于对事物进行二元划分，将其分类为"好"或"坏"，所以当情绪高涨时，我们通常会封闭自己。Dr. Ted Esser 告诉我，当这种强烈的情绪与我们的思绪、对过去的回忆或对未来的幻想产生联系时，我们就开始真正"感受"情绪。本质上说，情绪只是一种纯粹的能量。但由于这种二元的思维方式，我们会认为这种情绪是"我"，这使得情绪变得更加强烈。这种能量就像被冰冻起来。情绪是能量和思维的结合，如同水和颜料的混合。当它们结合在一起时，就产生了色彩斑斓的情感。因为我们对情感的认识并不清晰，所以它们常常让我们感到不舒适、痛苦和困惑。

能量本身并没有问题。我们往往把情感与思考紧密地联系在一起：或许我们因某事而感到恐惧，或者对某人产生愤怒，或者感到孤独、羞耻。这些情感往往伴随着大量的内心对话，而从我的经验来看，有时确实难以区分这些对话中什么是纯粹的思考，什么是真正的情感。

在生活的任何时刻，总有种种情绪和事件涌入涌出。但我们并不需要努力地去一一梳理。我们不必对所遇之事赋予过多的含义，同样，也不必将自己与情绪过于强烈地联系起来。我们要做的，只是让自己去真实地体验这股能量，随着时间的流逝，它自然会流过你的内心。但是，关键在于真正地体验情感，而不是去分析它。这与呼吸有些相似：去真正地感受呼吸的流入流出，而不是去思考或者去观察它。我倾向于称这种状态为对情感的"直观感知"。这个说法或许不完全恰当，但试想，你可能有时会有一种强烈的不安之感，背后往往有一连串的担忧和故事。但如果你能暂时放下这些杂念，哪怕只是片刻，你就能真正地体验到这种不安——那是一种无须言辞的体验。你能够真切地感受到这种不安在身体中的存在，感受到它带来的紧张与压迫。

深入体验之后，你甚至更能体会到这种不安的细微之处：或许是身体某处的刺痛、炙热、冰冷或刺骨的寒意。我曾有一次深刻的体验，那时我身处一个我无法摆脱的困境中。这种情况在我们的生活中并不少见。那时，触发我的情绪并未消退。而这种情绪，往往与过去的记忆和经验有关。强烈的情绪中隐藏着我们的很多秘密，它们可能会显得很不合逻辑。有时候，我们就像一只听到某个声音就会受到惊吓的狗。或许是某种面部表情、某种言语、或某种提示我们某事的东西，突然之间，我们就会被深深地打动，感到恐惧、愤怒或伤心。而大多数时候，我们甚至都没有意识到这一点，只是习惯性地作出反应。

在特定的情境下，我感受到了深深的无助。因为有人显然对我心生排斥，并且拒绝与我沟通。这种情况让我陷入了一个我无法掌控的局面，我想要弥补和理解，但似乎一切努力都是徒劳。面对这种情况，我常用的策略显得无能为力。每次在日常生活中遇到她，那种冷漠的态度，都会触发我心中深藏的伤痛。于是，我告诉自己，这是一个机会，一个真正了解自己，处理内心深处问题的机会。某天夜晚，我决定通过冥想来探索我的心灵。那个夜晚，我坐了很长时间，心中充满了痛苦，让我几乎不能思考。痛苦的深度让我仿佛进入了一个纯净的空间，没有言语，只有体验。

在冥想中，我开始深入体验与对我排斥的人之间产生关系，以及它所触发的所有情感。我似乎回到了小时候的某个瞬间，但这并不是回忆，而是一个深刻的体悟。我突然意识到，许多我过去的行为和选择，都是为了避免面对某种深藏的情感。我开始真正感受到一种深深的自我否定。

这次冥想经历让我明白了，我们经常被自己的言语和对情感的思考所迷惑，而错过了真正去体验和理解它们的机会。我们总是想办法避免真实的情感，用各种策略转移自己的注意力。不论情感是强烈还是温和，我们都可能深陷其中，被其控制。但冥想给了我一个机会，让我能够真正地体验和了解我的情感。这次体验不仅让我更加理解自己，也帮助我更好地理解他人。我开始明白，每个人都有他们的情感和故事，我们都是在这些情感和故事中做出选择。当我真正去面对和体验自己的情感时，我感到了一种前所未有的自由和解脱。

16. 抱住这一刻的情绪

那些对自我感觉有威胁的事情，对心灵来说其实是一种解脱。我们之所以练习冥想，是因为它能够帮助我们摆脱束缚自己的习惯，从而打开我们的心灵。尽管这种想法与我们的直觉相违背，但当我们体验到一种似乎极具威胁的情绪时，正是我们深入探索它的时刻。

情感的本质是能量与思绪的结合。如果能够放下这些思绪，或中断它们的流动，那么我们手中所剩下的，就只是纯粹的能量。但在冥想实践中，必须对此进行深入观察。强烈的情感会使注意力偏离当下的呼吸，它并不是将你深入到情感中，而是使你的注意力分散。

情感的涌现，是通往更完整、更真实生活的途径。这不仅仅是冥想中的经验，而是每日实践中的重要一环。因为即使在所谓的"冥想后"，情感同样会突然涌现。可能在某些时候，当一切都平稳，没有什么情感冒出时，你会觉得冥想很容易。但只要生活中出现一点小波折，例如与不喜欢的人合作，或是必须接听不想接的电话，情感就可能激烈地涌现，带着你进入那股强大的能量中。

当强烈的情感出现时，我们的注意力会被分散。尝试放松并专注于当下，完全敞开心扉去体验每一个出现的情绪，无论是视觉的、听觉的还是心灵的。但当强烈的情绪涌现时，它会使我们分心。在冥想中，强烈的情绪会使你的注意力偏离呼吸，你会完全被其牵引，因为它与你的思绪混为一体。

当这种情况发生时，我们可能会转向某种策略：可能是自我安慰，或者通过某种方式来转移注意力，例如看电视、吃东西或其他寻求快感的行为。我们可能为了逃避某种情感，而回忆起美好的记忆，或者规划未来。这些策略只是使我们远离真实的、直接的体验。

当我们面对强烈的情感时，很多时候会尝试控制。我们有很多策略，试图控制情境，让事情变得可控。但很快，我们可能会发现自己深陷于其他情绪之中，这些情绪实际上是对原初感受的转移和干扰。一开始，我们或许只是觉得有点不舒服，但随后可能会涌现出各种情绪，如哭泣、疑虑、嫉妒、愤怒或恐惧。我们的逃避策略变得错综复杂。有时，即使是生病，也可能被我们无意中用作逃避的工具。

当强烈的情绪冒头，你的内心又会怎样呢？你是否开始自我批评？你是否对自己温柔以待？与他人交谈时，我常听到很多人在情感上升时对自己过于苛责，比如"我总做不对""我应付不来"或"这实在太难了"。我们常常让自己陷入各种负面思考。

但我的建议是，放下那些关于情感的刻板印象和故事，真正去感受它。深呼吸，尝试与这些情感同在，不要试图控制或固定它们。这并不意味着要完全掌控，而是要敢于面对自己的真实，敢于变得脆弱。当你这样做时，你会感受到一种自然而来的温暖，这种温暖不仅是为自己，也是为他人。我向你保证，当你真正面对并感受到自己情感的原始面貌，你会有全新的感受，对待世界和他人也会充满爱和同情。

17. 和情绪一起吸吸呼呼

当一股强烈的情感涌现时，它往往与我们的某种习惯性模式相伴随。这些是那些能让你不假思索地开始找借口、为自己辩解或寻求安慰的情感。正是这些情感，在我们追寻真实自我的道路上，让我们停滞不前。但如果我们勇于面对，并让这些情感与思绪成为我们成长的一部分，那么它们也可能成为我们进步的催化剂。当情感上升时，转向你的身体感受，做几次深呼吸，同时体验这种情感。仅仅关注呼吸却忽略情感，可能会导致情感被压抑。

例如，当愤怒上升时，你可能会通过呼吸来缓和它。但同时，你也需要深入体验愤怒背后的真正能量，直到它不再能左右你。单纯地冷静自己可能有些效果，但当下一次相同的情境出现时，愤怒仍然会爆发。你对它的恐惧并未消减，反而可能增加了。因为每次你尝试避开它，你的恐惧都会增加，让它变得更为强大。所以，要真正体验情感。呼吸是帮助我们停留在当下的工具，它能稳定我们的内心。因为如果只是体验情感而忽略呼吸，那么情感可能会淹没你，让你感到不堪重负。

你需要伴随情感呼吸，而不是试图让情感消散。如果情感真的消散了，那就这样吧。但关键是，我们需要真正体验它，而不是用各种策略或思维方式来逃避它。你可以想象自己正在吸入这些情感，将它们引向心灵深处。你会发现，这种方式不仅增强了自己的同理心，还能够让你真正站在他人的角度看待问题。你可能正在体验愤怒、恐惧或嫉妒，但随着每一次呼吸，你会意识到此时此刻有无数的人正在经历同样的情感。这种情感，尽管背后的故事各不相同，但它所代表的是一种普遍的人类体验。

处理情感并不容易，但你必须让自己体验所有出现的情感或抵抗。例如，当我们开始面对情感时，很多人会感到昏昏欲睡，这可能是因为他们不愿意做这件事。如果你发现自己也有这种反应，可以选择直接体验这种困倦。这是你走向觉醒的过程中，把情感困扰融入其中的一种方式。

为了真正在当下体验某种情感或事物，你必须避免两个出口。首先，你选择不通过说话、行动或其他方式发泄情感。其次，你选择不去压抑任何感受。这是一种可以贯穿于生活中的标准冥想指导：不发泄也不压抑。看看如果你都不做，会发生什么。当你选择发泄情感时，你的情感能量转化为具体的行为。换句话说，你将真正的不适感转移开。我发现，当我们这样做时，那种能量会一次又一次地回来。当你压抑情感时，你想要逃避的那种能量就会被锁在你的身体里，最终表现为身体上的疼痛和疾病。

当你把情感当作一个支持和朋友，而不是避免或压抑它们，三件事可能会发生：首先，你将注意力转向情感，它们可能会消失。其次，它们可能会加剧。这经常发生在我身上。最后，它们可能会保持原状。这并不意味着你应该得到某种特定的结果，我们也不需要把这些体验标签为"好"或"坏"。我和许多冥想者注意到的一点是，随着时间的推移，当我们与情感同在并与之一起呼吸时，情感有可能发生转变。这正是我们真正认识到情感只是能量的地方；我们看到情感只是我们给予其意义和故事的能量。愤怒可能转化为悲伤，悲伤可能转化为孤独，而孤独也可能带来幸福感。所有这些都是可能的。当你开始注意到这些时，欢迎你加入冥想者的行列。

18. 忘了背后的故事，沉浸在感觉中！

正如我之前提到的，使我们如此沉迷于情感的原因之一，就是我们为情感赋予了许多故事。我早前发现，情感的升级——你完全被沉浸其中，失去了自我，被孤独、愤怒和绝望的洪流带走——其实是受到这些背后的故事驱动的。我们的情感就像投入水中的石头，但没有涟漪。一个纯粹的情感，没有背后的故事，是直接、锐利而原始的。这种直接体验的情感不会产生涟漪。但是，加上了背后的故事，这些涟漪就越来越大，越扩越远，最终变成了巨浪，甚至像飓风一样的强大。故事真的会让一切变得混乱。

你是否有过这样的经历：为了让自己哭泣，你放上一首特定的歌曲，然后沉浸于这种悲伤中？我们的情感故事线就像那首歌，但我们不需要音乐。我们有我们的思想和情感，它们能够加强我们的情感。但如果我们将情感作为冥想的对象，作为我们的朋友和支持，那就像站在河岸上进行观察。

设想一下，在一片宁静的湖泊中，有一块巨大的岩石。湖面上，风吹起了涟漪，偶尔几片树叶飘落，荡起轻轻的波纹。但当风暴来临，湖面波涛汹涌，水花四溅。岩石则始终稳固地屹立在湖中，不为波涛所动。这湖泊与岩石的故事，正如我们处理情感和思绪时的冥想实践。湖面的波纹和风暴，象征我们不断涌现的情感和纷乱的思绪。而湖中的岩石，则如同冥想中的我们，始终稳定、不被外界所影响。当我们把情感或思绪作为冥想的焦点，无论外界如何变化，我们都可以保持内心的平静和清晰，如同那湖中的岩石，任凭风吹浪打，始终稳定。

冥想练习：探索情感

这个锻炼是让你友善地关注情感的体验或其感觉的实质。

我们尝试去体验一个非语言化的感觉。

为自己设定 20 分钟的时长。先安静坐下，稍作停留，感受自己的呼吸。让身心逐渐平静，跟随呼吸的节奏。感知每一次呼吸的进出，试着寻找那份呼吸带来的广阔与自由。

当你觉得大概五分钟已经过去，让自己回想一个带有浓烈情感的记忆。也可能在此之前，你已经有一个强烈的情感涌上心头。

如果真的有，就用这第一个出现的情感来工作。这种情感不一定是消极的，也许它就是喜悦。

首先，这种情感是什么感觉？试着感知它的质感和颜色。觉察它在你身体的哪个部位。是尖锐的，还是迟钝的？是在你的心口还是肚子里？你寻找的是一种切身的体验。这就好比问："胃疼是什么样的感觉？"你不需要用语言描述，但你想真实地体验那种感觉。

如果有杂念打扰你，只需轻轻地意识到它，然后重新沉浸于那个感觉之中。

几分钟后，你对这种情感的直观感受是什么？人们常说，所有的体验都是浮现再消散。这与你的感受相符吗？思考有时会使情感的能量凝结或长久停留。但如果我们释放这些思考，那些能量就可能流动起来。这种说法与你的经验相吻合吗？

如果你要用一个词来描述情感的直觉体验，比如"舒适""不适""疼痛"或"紧张"，这些词在你心中是怎样的感受？你所选择的描述情感的词，例如"微麻"或"紧张"，在你内心又是什么样的体验？

吸气，呼气。感受它，体验它，沉浸在这一体验之中。

当你深陷于强烈的情感中，你或许可以尝试深深地呼吸，让心灵感受到更多的空间、开放性和温暖，这都会成为你的依靠。而如果你什么都不觉得，仿佛心境处于一种空白或中性状态，那就继续呼吸，并试着去感受：这种空白和中立到底是怎样的体验？

那种麻木又给你带来怎样的感觉呢？

如果你在做这个过程中感到有所阻挠，那就去体会它。你可以持续地对自己提问："这是什么？"无论你感到的是无聊、不情愿、压抑、痛楚、愉悦或困倦，尝试通过询问"这是什么？"来真切地体验这些感受。你不是在寻找一个言语上的答案，你是在寻找一种真实的体验。这是什么感觉？

现在，请深入体会身体中的强烈情感。一种通过身体对情感的反应来加深冥想体验的方法，就是把这种身体反应作为冥想的对象。不是将整个身体作为冥想的核心，更简单的方法是专注于身体的某一个部分，来寻找那种感觉。例如，你可能感到体温上升、出汗、手心潮湿，胃部紧绷，或眉头紧锁。选择其中一个体验。有一次，一个老师与一个深受抑郁困扰的学生交谈，他问她那种感觉是什么。她回答说，整个身体就像被滚烫的岩浆充满。老师建议她，不要试图感受整个身体，而是只专注于一个部位，比如大脚趾。所以，如果你在身体的某个部位有强烈的感觉，那么仅专注于那一部分可能会更容易一些。

与这种感觉共处，直到计时器响起。当它响起时，沉浸在你所经历的一切中。坐下来，感受你的内在宁静，体会心灵的广阔无边，体验那个开放的自己。

当我开始实践探寻这种感觉时，经常会发现，那种不适的征兆——胃部的紧绷或心脏的刺痛——仍然在那里。时间流逝并不意味着这种感觉会立刻消失。但可能会觉得，相对于这种情绪，似乎拥有了更多的空间，感受上不再那么被它所困扰。

在这次冥想中，我们是在为日常生活做铺垫。生活里会遭遇强烈的情感风暴，但通过冥想，我们学习为这些情感腾出空间，从而使我们在面对这些情感时能更加沉稳。

第四部分 感官大冒险

真正的自由不在于遁离人世，而在于更深、更觉醒地融入生命的流转之中。在其中，我们在繁华与寂寞间寻找平衡，在喧嚣与宁静间寻找自我。

19. 听说、看到、感觉到了吗？

任何事物都可以作为冥想的对象。无论是思想的涌现、强烈的情感还是感官的感知，你都可以选择用它来冥想。这可以是你的极乐，也可以是你的痛苦。以一个简单的例子来说，如果你在冥想中专注于一个气味，你可能会想："这个气味太难闻了！"或者"燕麦烧焦了，吃了会让我消化不良。"然后你开始对做饭的人生气，准备离开，而这一切都是因为一个气味！

通过感官——听觉、视觉、触觉、味觉和嗅觉——的冥想，我们可以看到即使是最小的事物也可能导致我们的内心战争。或者，感知会让我们陷入幻想。它们可以显示出，我们是如何因为一个简单的感觉回忆起某段记忆，然后激起强烈的情感。但另一方面，它们也为我们提供了进入愉悦、喜悦和欢乐的机会。感官是如此的活跃，它们可以将我们直接带到当下的中心。

与感觉的冥想让我们直接连接到我们的经验，这是我们体验这个世界无限广阔的途径。然而，这些感知也可能让你困在回忆中。一个声音可能会勾起十年前的记忆，一个气味可能会让你想起需要清理冰箱。当我们与我们的感觉一同冥想时，我们打断了思绪的动力，回到声音、气味或任何你选择关注的感觉上。如果你可以在日常生活中如此实践，当遇到挑战时，你会发现你有了应对的方法。你已经习惯于打断思绪的动力，例如"这里有问题需要我解决"或"我是个失败者"。通过冥想，你正在训练中断流浪的思绪，直接体验我称之为"经验的实感"。

如果你打断动力，留在当下的感觉，你会发现在这一生中觉醒的全部可能性。当我们进入经验的当下，这是一个非二元的经验。换句话说，通过在冥想中使用我们的感知，我们与我们专注的声音或气味融为一体，而不是将自己分开。对大多数人来说，最直接的体验方式是在身体上感觉到它：你在身体上感觉到它，但也感知到气味、声音或视觉的氛围。除了感觉之外，还有对感觉的意识。随着时间的推移，你体验感觉的氛围的能力会逐渐展开，慢慢地，你可以允许自己将这种感觉作为冥想的对象。

20. 让声音成为冥想的 VIP 嘉宾！

很多时候，人们无法真正地直接感受到声音，因为声音触发了某种情感，使他们的感知变得模糊。同样，当你看到某样东西，而不能把它当作冥想的焦点时，因为这个景象带给你太多的情感联结，你会感到迷茫，不能真正地"看"清楚。但你可以反复地尝试，再尝试。这需要我们认识到，在这种修炼中，我们带了许多情感的负担和习惯性的观念，这经常使我们走失，然后我们必须不断地回归那个直接的感知。

我曾听说一个关于美国佛罗里达州发生的故事，它反映了我们对声音感知的复杂性。讲的是在一个高层的公寓楼中，声音是如此响亮，因为在美国居住的朋友一定知道，这的墙壁之间的隔音效果特别不好，他们通过大声说话来与邻居沟通。但对于未适应的人来说，这种噪声简直是震耳欲聋的。

有一次，就有这么一个人他去音像店买了一盘海浪的录音带。戴上耳机，听着这宁静的海浪声，他觉得非常放松。他想："我要为社区服务，为这里的人做点好事。我要放这海洋的声音，这样大家都会冷静下来。"美国好多人确实都是热心肠，于是他就调整了音响，让每个人都能听到这海洋的声音，然而，这个简单的行动却引起了一场大恐慌。因为这座公寓楼就在河边，有人误以为这是真的海水声音，以为水正在上涨。整个楼层都陷入了恐慌中，有人大喊："快看，水涨上来了！"结果，这个声音效果与他所期望的完全不同。

我觉得这个故事很有意思。也许在你心中，听到这个故事时也有些紧张，因为在你的生活经历中，你可能遭遇过洪水。对于许多人来说，大海的声音通常都是舒缓的。但是，声音也可能带有完全不同的意义；人们在听到声音时，可能会联想到一些事情，这可能导致不必要的恐慌。这恰恰是我们在尝试直接体验声音时面临的挑战。我们的感知充满了各种前提和情感的负担。

因此，当你发现自己迷失时，温柔地承认，然后慢慢地回来，是很重要的。如果你的直接体验触发了深刻的恐慌，那么请善待自己，暂时停下。当你感觉准备好了，再重新开始你的练习。

冥想练习：聆听声音成为焦点

开始这次练习时，先调整好你的坐姿，让自己尽可能地舒适。在这期间，尽量保持不动。这样做并不是要求你严苛，而是希望你更加专注，不被调整姿势所打扰。

深呼吸，放松身体，观察此刻的身体感受和心境。不做判断，只是轻松地感知你的心情，思绪，以及身体的微妙变化。

然后，细心地聆听周围的声音。让这些声音成为你冥想的中心。全心投入，倾听那些声响。当你发现自己的心开始飘忽，轻轻地将注意力拉回到声音上。开始时，可以先听远处的声响。你也可能听到近处的细微声音，如轻微的风声或柔和的动静。

首先聆听远方的声响，再留意近处的。这里没有对错，好坏之分，只需放松地、开放地倾听。如果你被思考所带走，意识到这点，再次专注于声音。

倾听那寂静中的声响，可能是远处的风声，或者是近处的细微动静。甚至，聆听自己的心跳。

声音不必是打扰。它可以是你冥想的对象。你可以接纳它，珍视它。

在练习的最后，放松整个身体，找到一个最舒适的姿势休息片刻。

声音作为冥想的焦点是个有趣的体验。它仿佛带你进入一个更加开放和宽广的空间，使你感受到一种前所未有的新鲜和放松。将声音视为你探索内在觉知的伙伴和支柱。

21. 眼睛上演"看"戏大法！

与目光为伴的冥想稍显难度，但因此更值得尝试。我建议你试验三种不同的视线：非常近的地方，离你几步远的地面，以及直接望向前方。

虽然我通常建议眼睛保持睁开，但你的全部注意力并不总是要集中在眼前的特定物体上。你可以纯粹感受所见——空间、气氛，以及展现在你眼前的全景。同时，你可以按照前面提到的三种视线进行练习，任何进入你眼帘的物体都可以成为冥想的焦点。每种视线方式，仅需维持短短几分钟。

冥想练习：目光专注

首先，目光稍稍向下。你的眼睛落在哪里？让这个景象成为你的冥想焦点。持续地注视它。当心绪开始飘扬，轻轻地回到此刻。

再来，将目光调整到平常的焦距，约在你前方四到六英尺处。你眼前的所有，就是这一刻的冥想对象。

最后，将目光平视前方。你可以选择你眼前的某一个景物，静静地观照它。此刻，你正通过视觉物体进行静心练习。

不管是哪种目光，都简单地注视。不用判断好坏、对错或是美丑，只是单纯地看。

若眼前出现不同的景象或幻觉，静观那一刻，避免易受分心。但如果真的被打断了，再次调整，回到这一刻。

使用视觉来静心，有时可能会出现些许幻觉，如微光、细线或闪烁。这都是正常的。不论是什么，都纳入你的专注中。若什么都没有，也完全没关系。

当你的思绪开始走神，温柔地提醒自己，再轻轻地将注意力带回来。如果某个景物引起了你的连锁思考，意识到后，轻轻地对自己说："思考…思考"，然后回归纯粹的观看。

整个过程中，保持轻松、自在，没有任何评判。

练习结束后，让自己彻底放松。

22. 安静，导演正排一出感官大戏呢

让我们将感知作为集中的目标，因为当我们开始体验感知或所谓的触觉意识时，我认为这一定是一种充实的过程。首先，坐下来，调整你的姿势，感知自己的身体、情绪和当前的心态。这是一种不带评判的自我体

验。尝试将那种宽广和轻松的感觉，以及轻盈、柔和、善意和愉悦带入其中。每当你的思绪飘走，都是一次纯粹的体验，然后带着同样的愉悦再次回到当下。

冥想练习：专注于身体感知

首先，感受你坐下的那一刹，臀部与垫子接触的那种感觉。不需要给它贴上"舒适"或"紧绷"的标签，只是单纯地体验那个触感。努力不去思考，只是纯粹地去感受——一种不经意间的、直接的感受。

接下来，感知你的手触摸大腿的感觉。体会那种直接的接触，那种不言而喻的、深入骨髓的体验。

如果你觉得难以感知，可以轻轻地移动一下手或某个手指，这样你可以更清晰地体验那种感觉。

若你还没这样做，那就把手放在大腿上，掌心朝下。试着感受你手里的脉动或是那微妙的麻刺感。全然把注意力放在你的手上。

你能否感受到手臂的某种感觉，或是那细微的脉搏跳动？再感受下你的手和手臂。

在你的胸部或腹部，有没有什么特殊的感觉？那里是一种怎样的触感？试着去体会身体的活力，那种在你的手、手臂、腹部、和胸部流淌的生命力。你能否在体内感受到某种独特的感觉？

人们常常在腹部有种紧绷的感觉。此刻，观察一下你的腹部是否有紧张或僵硬的感觉。如果有，试着放松它，并感受这种由紧绷至放松的转变。如果它很紧绷，尝试放松，并体会那腹部松弛的触感。

你能否感受到呼吸时腹部的升降？而不是去观察它或思考它，而是真正地去感受它。感受呼吸的动作，时而深沉，时而浅显。不管它是怎样的，都只是去体验那种感觉。现在，集中感受你的呼吸，那从鼻子或嘴巴进出的气息，纯粹地体会它在你身体中的流动。

要保持一种放松的状态。如果你发现自己开始走神，轻轻地提醒自己"在思考"，然后再次回到感受呼吸的动态，去体验与呼吸的和谐同在。

如果身体某处感到疼痛、僵硬或不舒适，你可以将注意力转向那里。如果身体有哪里不适，就将其作为你的观察焦点。只是去感受和体验，用充满关心的目光去看待那个疼痛或不适的部分。将它视为你观察的对象，不需过多思考，只是去体验那所谓的疼痛、僵硬或不适。将你的全心放在那个部位，真正地去体验那种感觉，而不是考虑"我"有多疼，只是单纯地体验它。

我认识的一位临床心理学治疗师同时也是我最好的朋友 Dr. Hermes。他告诉我，他就会经常运用冥想来帮助病患，并给我分享了一个有趣的发现。以往，很多人都会通过呼吸来集中注意力进行冥想，尽管大部分的指导都建议这样做：把你的注意力放在呼吸上。但 Dr. Hermes 向他们介绍了用感官来辅助集中的方法，发现这个方法对很多人来说更为有效。例如，让他们真切地感受他们的手、手放在膝上的感觉、大腿、脚触地的感觉或坐在垫子上的体验，这都帮助他们更深入地投入到冥想中。有的病患因为呼吸困难或其他问题而难以关注自己的呼吸，但当他们开始与身体接触并感受它时，他们能够真正地投入到冥想中。这种方法开启了一个新的视角，让很多病患学会了如何用任何事物来帮助自己的冥想。

23. 舌尖上的味蕾冥想秀

品味，尤其是吃的过程或品饮，总是被视为提醒与锻炼感知的伙伴。在很多训练中，会从品味的练习开始。例如，有的导师会鼓励你试着全神贯注地吃一个橙子的一片，专注于它的味道和口感。当人们这样做时，一个有趣的发现是，真正去体验味道与仅仅思考味道之间，其实是有很大差异的。

月饼是这个过程中的一个绝佳例子。也许你视它为一种特殊的食物，因为它通常在中秋节时吃。或者你觉得特别的罪恶，因为你在努力减肥。但是刚好有一天，某人送你一个精美的白莲蓉蛋黄月饼礼盒。啧啧，想想都直流口水。第一个月饼可能让你真正地沉浸在那味道中，因为你已经很久没有吃到它了。但当你吃到第二个时，与月饼相关的所有记忆和情感开始涌现。此刻，你可能已经失去了最初的那种纯粹的体验。再比如红酒也是一个相似的例子。想象你坐在酒窖里，前面有一杯上好的红酒。你沉醉于其香气、色泽，细细品味每一口的层次与变化。第一口酒的感觉，清晰、纯粹，让人难以忘怀。但当你继续饮用，很多关于红酒的回忆、经验或旧有的观念都可能涌入你的思绪，影响你的体验。

在我的表演课上，一位学生向我提出了一个关于冥想的问题。他说，将注意力集中在不同的感官上对他来说有些困难，因为他总感觉会被周围的事物所吸引，即使他明白这并不是冥想的目的。我意识到他可能没有完全理解"回到当下"的概念。我向他解释，比如在品尝或品饮的那一刻，我们很容易就开始走神，从最初的那一瞬间起就分心了。但实际上，那最初的瞬间是最新鲜、最具吸引力的。我强调，生活中处处充满了这种新鲜的时刻，重要的是学会察觉并体验这些时刻，而不是被其他事物牵引走。这是我在课上尝试传达的冥想的核心要义。

冥想练习：味觉体验

要想真正体验食物的味道，关键是要全心全意地沉浸在其中。试着品尝一颗草莓或葡萄干（可以是任何一种食物），让自己完全沉浸在其味道中。不要去思考如何咀嚼，也不要去感受食物的口感，只需专注于味道。

如果发现自己的思绪开始漂移，没关系，轻轻地把注意力拉回到味道上。这并不是说你做错了什么，而是提醒自己回到当下。这个练习就是要让我们完全地、真实地体验那一刻的味道。你可以这样提醒自己："我可以利用这个味觉体验来锻炼自己的集中注意力。我不必被我的情绪带走，也不需要让杂念困扰。我可以选择停下来，用这一口食物的味道来帮助自己稳定思绪，重新连接到眼前的体验。"

在我读书的时候，由我的校长 Dr. Liz Li 发起，Dr. Jeffery Martin 组织的创新变革技术论坛（The Transformative Technology Conference）邀请了来自全球各个国家的专家参与了一项生命与心灵研究的实验。在这次实验中，研究人员利用先进的大脑扫描技术来观察有长时间冥想习惯的人的大脑活动。结果发现，当人们按照惯性去思考，让大脑自行其是，被淹没在自己的思绪或情感中，这种状态会在大脑中形成深刻的习惯痕迹。每次重复相同的行为，这些痕迹就变得更加明显。这也是为什么习惯难以改变的原因，因为我们总是不断加深这些思维痕迹。

但当你突然意识到自己被思绪带走，当你有所觉悟，这种觉悟实际上为你的大脑开辟了新的通道。这好比你重新调整了视角，更加敏锐地感受到身边的世界，感受到内心的广阔和新鲜。每次你真正地将注意力集中到某一个感知上，这都是一次为大脑开辟新路径的机会。

因此，在日常生活中，不必总是沿用那些使我们陷入固定模式的旧习惯。相反，我们可以尝试以新的方式来看待世界。这种新的观察方式，在大脑扫描技术的图像上呈现出来，就是新的神经通路的形成。简而言之，我们每时每刻的选择都在塑造我们的未来。经过我的体验，我发现通过训练感知是一种非常有效、而且有时还相当愉快的方式，来帮助我们形成新的思维路径。

24. 万物都在连接

身体、思绪和情感之间的关联是无法分割的，与你的感知同样。当你听到某段音乐或某个声音，可能会突然涌现出强烈的情感。随之而来，你可能会有一个视觉记忆，一个跳动的情节，它们紧密地纠结在一起。于是，与其让这种情感的纠结令你感到困惑和不知所措，你完全可以选择其中的一部分，作为你冥想的焦点。

从广阔的空间观点来看，我们周围无时无刻不在发生变化。无数的声音、景象、情感，一切都在动。这不是一个静态的、空荡荡的空间，而是一个充满活力的场所，思绪、情感和感知在其中交织、起舞。我们应该用这样的经历作为助力，来揭示我们思绪中的那份清新、开放和清醒。所有的体验之间都有着深厚的联系。比如，我们称之为"愤怒"的情感，它不仅仅是情感，还伴随着身体的反应、视觉的印象，还有它背后的故事。我们发现，这种"愤怒"其实是非常不稳定、不断变化的。如果我们能够真正地去体验这种情感，它会告诉我们，无常和变化是生活的本质。

真正的满足、幸福和精神成长，都发生在这种不断流动中。有时，我们都会固守某种观点，对某人或某事持有固定看法，这使得我们的生活变得生硬。与其持续这种僵化的态度，不如体验生活的流动和变化，因为相比之下，那才是真正有趣的。

不知道你们是否在意过这个问题，有时我们觉得自己了解一个人，比如你的妈妈。你可能会觉得，"我妈每次都这样反应，她总是这么说，那就是她。"但有一天，我遇到了你妈的一个老友。她说："你妈真的很搞笑，和她在一起太开心了！"这让我开始思考了，或许我们每个人都有不同的面，只是有时候我们没看到而已。不论是你的母亲、伴侣、姐妹还是老板，我们往往在最亲近的关系中形成对别人的固定印象。而且，我们还会对整个种族、文化群体、宗教甚至持某些政治立场的人持有刻板印象。

但你只要稍微体验一下、稍微放松一下，你就会发现没有什么是真正固定的。除了我们的思想为我们构建的这些固定的印象和身份认知，其他的都是流动和变化的。至于某个人对你有某种固定的看法，只需继续观察、继续体验。你会惊讶地发现，当你开始理解并调整自己的情感反应时，你和他人之间的关系也会出现变化，新的情境会展现出来。

我们常常因为对事物持有固定的看法而感到安心

和有确定感，但这其实是一种虚假的安全感。真正的满足感来源于对事物流动性和变化性的认知，以及对当下所发生事件本质的深入理解。

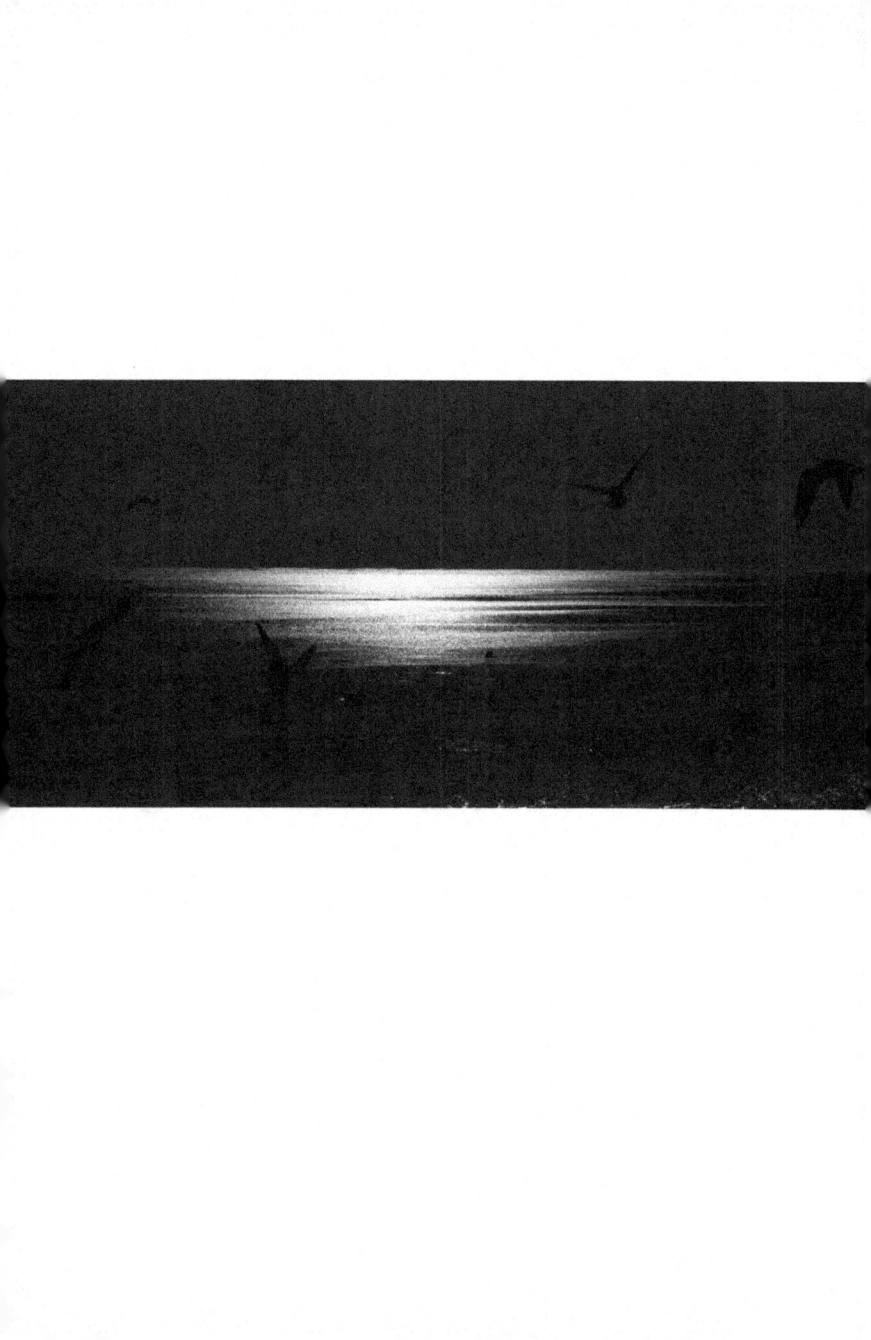

第五部分 心如伞，遮得住雨滴

那种带点伤感和柔软的心情，就是真正勇敢的源泉。通常人们认为，勇敢是不感到害怕，或者有人打你，你会还手。但真的勇敢不是这样的。真正的勇敢，是从内心的柔软中生长出来的。

这是因为你让这个世界触动了你最真实、最脆弱的内心。你大胆地敞开心扉，无所畏惧，面对这个世界。

25. 别再挣扎了，放轻松！

冥想的一个魅力在于，它使我们以一种好奇和开放的方式对待生活，不再视生活中的复杂性为不断的挑战。所谓的"挑战"，就是不愿生活是现在这个样子。这种情感真的很普遍。深入探索我的感受，我发现我们不仅时常排斥生活中的经历，很多时候我们几乎是在全盘否定生活。

我们的思绪总在飘忽。我们会想明天要吃什么，或者回忆起去年的一段对话。我们思考待办事项，或者后悔昨天的对话中没能更好地表达。拒绝生活，并不总是抱着"我讨厌这个"或"这段关系、这工作或这车不合我心意"的态度。有时，我们可能觉得正在做世上最愉悦的事，比如吃一整盒巧克力，但事实上，我们很少能真心实意地享受其中的每一口。心思总是在乱跳。

然而，在我们透过冥想培养的开放意识中，任何出现的事情都会成为我们锻炼及时反应的支撑。为了达到这样不再挣扎的境地，我们需要让生活中的每一件小事都成为我们及时反应的支撑。这需要我们大幅度的心态转变。不再把事情看作是问题或者障碍，而是视其为一位指引我们前行的导师。

生活中的每一件事都在助我们清醒。我们曾被教导要抱怨、要指责。我们指责自己，也指责他人。我常看到有人因为外界的环境或是他们自己的身体和思维而找借口。考虑一下，真正需要你关注的，是你的思绪，是你如何看待这些外部情况。你可以与这些情况和平共处，你可以对自己和周围的环境抱有同情。当你这样做，会有什么变化？

我最近看电视里边一个访谈节目，其中有一个对于满足的定义："知道你所需要的，都在这一刻里。"我觉得挺有意思。的确，不满和不安好像一直在背后嘈杂，让我们难以接受现在的生活和此刻。但如果我们真正地、深入地去接受每一刻，我们就能真正体会到生活中的每一个细节。

当我们不再对所经历的事物斤斤计较，我们就超越了"好"与"坏"，"对"与"错"这样的二元判断。这是个重要的认识。这也使我们能够更深入地体验生活。你不能只期望经历好的，而避免坏的。说到底，如果你为某些事情设限，你很可能也错过了一些可能的美好。训练我们的思维意味着，始终回到当下的体验，并毫无偏见地接受它。

生活有时会为我们带来很多的挑战和障碍。当你的静思结束，完全沉浸在此时此刻，让事情自然发展。但经常在这一时刻，思绪会涌现；它们有时甚至会如潮水般涌入。转眼间，你可能会发现自己又陷入了困境。但当事情发生时，你不必匆忙地加上标签，例如"这不对"或"太糟糕了"。你可以用这些经历作为静思的对象，全心体验它们。思绪如其所是，情感如其所是，一切，都毫无保留地展现在你面前。

不知道是不是只有我会这么想，我感觉我们的心和大脑就如同一个广阔无边无际的空间宇宙。在这空间中，一切都有可能出现：声音、情感、痛苦或快乐。所有事物都在这片空间中涌现，就如同无垠的宇宙中出现星系和恒星。这空间不会判断，不会说："我喜欢这颗星星，但我不喜欢那颗星星。"所有的经历，不论好坏，都会随时间流逝。就让它们如流星般划过你的心空，没有什么是真正无法克服的。不与生活的起伏作斗争，是对自己的一种善意。它使你能更真实地体验生活，让你全心全意地活在每一刻。

冥想练习：简单活动的全然专注

生活总会带给我们形形色色的经验，有时这些经验伴随挑战。为了更清晰地面对这些经验，我们可以选择一个简单的日常活动作为练习对象，全然地投入其中。这不仅是一个专注的锻炼，更是一个唤醒自己的过程。我们可以选择一个简单的活动，并决定将全心投入，而不是让思绪飘忽。

生活中充满了这样的简单活动。选择一个对你而言日常而又简单的活动。例如，吃饭。每天，我们都会重复用叉子或勺子取食、送入口中、咀嚼和放下的动作。挑选一个不需要多思考的，经常重复的活动，如打字、叠衣服或为孩子做午餐。这样的例子数不胜数。无论是刷牙、洗碗、吃早餐、呼吸还是走路，其实都是一次对清醒状态的练习。

在接下来的几天里，当你做这个选择的活动时，努力让自己更专心。一旦发现自己走神，就立刻把注意力拉回来。比如，在刷牙时，你可以告诉自己：这不仅仅是刷牙，更是一个静心的过程。让这个简单的动作变得有仪式感，因为它有明确的开始和结束。告诉自己："这是一个静心的时刻，我要全神贯注地刷牙。如果我走神了，我会及时调整，重新集中注意力。"

当然，如果你发现自己走神，也不必太苛责自己。不需要刻意斗争，轻松地回到当下。带点幽默，或者轻松地再次开始。随着时间的积累，你会发现，在生活中的各种活动里，你都能保持这种清醒和专注。哪怕是与人聊天，你也能专心听对方说话，而不是让思绪跑到其他地方。

渐渐地，你可能不再需要一个具体的"专注对象"。你会发现，自己越来越容易地、自然地活在当下。当这种感觉真的来临，你会深深知道。也许有一天，当你深度专注于某个事物时，你会突然意识到：这就是真正的生活，真正的在场。这种简单的存在，是如此美好，如此生动。这，无疑是一个巨大的转变。

26. 七大快乐秘籍

对于那些渴望找到生活真谛或仅仅希望生活更为安定的人来说，我们都必须学会勇敢面对生活中的所有挑战，哪怕是最为困难的。我见过很多人，他们坚持了多年的冥想，体验过内心的平和与宁静。但是，一旦生活中的某段关系发生裂痕，或是失去工作，或得知自己或亲人患有严重疾病，他们就彻底崩溃。仿佛他们从未体验过冥想的宁静，整个人都被愤怒、绝望或深沉的抑郁所笼罩。

当生活中出现巨大的冲击和困难时，我们常常害怕面对，进而选择逃避。我们开始对抗当前的现实，沉浸在绝望和愤怒中，似乎完全忘记了冥想带给我们的指引，迷失了自己的方向。实际上，冥想就是一种指引，当我们遇到生活的低谷，这条指引或许会变得模糊。但你知道吗？有些时候，正是这些困境最能成为我们前行道路上的教诲。它们可能正是开启我们对生活新认识的关键，帮助我们更深入地与他人连接。

在一些深度训练中，我们学习如何将那些令人心痛的情感和难以应对的思考，转变为前行路上的良师益友。这些经验就像一首歌，描述了如何从生活的困境中找到那份唤醒心灵的喜悦。而歌中提到的某些词汇，则表示那些容易让我们失落或困惑的情绪。

在繁华都市的喧嚣中，

心中时常浮现分歧，

觉得有自我与外界之界限，

我不会封闭五官，逃离纷扰，

而选择勇敢地面对，探寻其深层含义。

它们宛如高楼大厦间的流云，

光华在其中自由舞动。

当思绪涌现，我心随风飘然。

在情感的纠缠中，

有时会感到心智的混沌，

我不急于求取解脱之法，

反思，仿佛炼金术士的手中秘药，

将矛盾转化为一种洗净尘埃的快乐。

当困扰降临，我以静制动，笑对纷争。

生活中总有起伏，有外界的压迫和诱惑，

我不拘泥于形式，去抵抗它们，

唯一值得抛弃的，是那过于自我的思考。

当挑战现前，我站稳脚步，沉稳面对。

当时光流转，生活中的种种打击接踵而至，

我不会沉溺于眼前的困境，

胸怀更大的梦想，走更长的路，

以广大的心胸，体会他人的感受。

当命运轮回转动，我感悟生活的真谛，心中

有歌。

当体魄受创，健康受到威胁，

我不仅仅依赖世俗的医药，

而是将此视为锻炼，一个历练的机会，

用它磨砺自我，收获人生的智慧。

当疾病降临，我知痛而后甘甜，感激此刻。

当生命的尽头逐渐显现，当我要离开这纷乱
的世界，

我不会恐惧，不会忧愁，

因为我深知——

生命的意义不在于开始和结束，

当生命即将完结 ，我怀着感恩，向前迈步。

在世间的纷扰中，有时感觉四面楚歌，仿佛
一切都与我为敌，

我不焦虑，不急躁地寻求变革，

此时此刻，我静下心来，重新审视自己的立场，

不是逆来顺受，而是拥抱每一次的成长。

当逆境降临，我发现其中的磨难，也是礼物。

它们，如同人生旅程中的风景，构成了我生
命中的歌。

在你的生活中，每一个瞬间、每一个挑战，都是人生的旅程。每一刻都为你提供了觉醒的机会。不这样体验，你便失去了从自身中学习的难得机会。这也是为什么我会称生活中的那些巨大挫折为"喜悦"的原因。

我们每个人都有过去或现在的困境和情感。例如，不论我多深入地反思，无论我多少次尝试冥想，我都会回想起过去对很多人的那些遗憾。这种情绪总会浮现，并带着深沉的悲伤。某些记忆与之伴随的是强烈的感情。所以，当我们说要"面对"或"体验"情感的困扰时，我希望是全然地面对它们。

有时，我们似乎充满了激情。从外界看来，你只是安静地坐着，似乎什么都没有发生。但实际上，你的内心经历了极大的波动，只是这一切都未曾言说。在我们的故事和经历背后，有一种强大的情感力量，那是悲伤、愤怒、渴望和孤独的能量。有时，这种情感的冲击强烈得仿佛要将你打倒。特别是在面对巨大的打击，如失去所爱时，这种情感似乎强烈到足以摧毁你。

但要记得，不要迷失在那些令你愤怒或自大的情境中。当愤怒涌现时，它就如同一面清晰的镜子。当自负心生时，那即是深沉的智慧。不要过于追求你所渴望的，而是去专注那颗急切的心。这告诉我们，只要我们全心面对这些情绪，它们就不会成为问题。

那句"当思考存在某物，一个被觉察的对象和一个观察者时"揭示了一个事实：我们总是习惯性地将世界、事件分为"我"和"它"。这不正是我们大部分的思考模式吗？尝试一下，看看你能否有不基于"观察者与被觉察"这一模式的思考。这几乎是不可能的任务！

当我心中的思绪被牵引、分心时，我不会为此烦恼。我并不会责怪自己，反而会深入探索这些思绪的本质。我觉得，这些思绪就像天空中飘浮的云朵，充满了生命的光辉。正因为如此，每当这样的思绪涌现，我都会深感喜悦。它们是因为我们觉醒于生活的每一个瞬间而存在的。

有时，心中的冲动和情绪会如同火焰般盛烈。但我相信，这些情绪和冲动，正如能将铁炼成金的魔法药水。它们有如天空中的云朵，可以自然地消散。对我来说，每一次经验，无论好坏，都如同一首欢快的歌曲，因为我们可以选择感受它，然后放手。

但我们也不能否认，我们与自己的思绪和情绪存在深深连接的纽带。生活中的点点滴滴，无论是愉快还是不愉快，都应被视为一种纯粹的喜悦。因为我们有能力只是触摸它，然后放开它，而不是与它紧密相连。

生命中的恐惧，有时如此之大，仿佛能够吞噬一切。死亡的恐惧，是对未知的恐惧，是对没有依靠的恐惧。但与其被恐惧控制，不如与之相处，体验它带来的能量。此外，我们可以专注于恐惧本身，观察它如何变化、加强和放开。

每一刹那都是未知的，关于死亡，每个人都有自己的看法。但我们真的不知道死后会发生什么，正如孔子所说，"未知生，焉知死"。觉醒的旅程就是要在这每一刹那中寻找生命的活力和意义，而不是回避或否定它。

27. 轻松自在，不沉不飘

冥想教我们如何放下，但真的能那么简单地放下吗？身体的疼痛，思绪的纷扰，它们都已经存在，我们无法改变这已经发生的事实。但我们可以调整自己的态度。这种友好的态度提醒我们不要太执着。当各种思绪涌现时，我们可以学会真诚地面对它们，接受它们，而不是被它们所束缚。因为不管你是否感到痛苦，事实都不会改变，关键是我们如何面对。

一般来说，我们人类常常过于夸大事情的重要性。对我们来说，我们的问题似乎都是大事。所以，我们要学会在尊重每一件事物的同时，又不为其所困。这似乎是矛盾的，但实际上，持有这两种态度会给我们带来巨大的快乐：我们对所有事物都心怀敬意，但又能够随时放手。这并不是说要轻视事情，但也不必过于纠结，让自己困于其中。

真正领悟这种态度，你会体验到一种前所未有的自在与轻盈。这种感觉绝非空虚，而是充满了生命的轻松与活力。我记得在 2018 年，我参与指导了一部由著名作家陈谦的小说《爱在无爱的硅谷》改编的话剧。但在我看来，生命中应该充满"爱"。这种爱，就是那种无拘无束的轻松与愉悦。经过深入讨论，我们决定将话剧名称改为《爱在硅谷》。

当你开始认识到，所有的事物都是自然发生，不是故意来"攻击"你的，你会发现更多的空间，有更多的自由去放松。你紧绷的胃可以得到放松，紧张的颈背也能舒缓，那些快速旋转的思绪，就像那些被上弦的玩具小熊，也能停下来，放慢速度。这就是告诉我们，我们内心深处有一片宽广、新鲜、开放的空间，等待我们去发现。

有时，我会尝试放空我的思绪。当我独处，没有人打扰，无论是散步、望窗外还是冥想，我都尝试放下思考，看看当这些杂念都消失后，我能感受到什么。

这其实就是正念的本质。你不断地回到自己的真实体验，当各种杂念，如好坏、应该或不应该、我和你等等出现时，你会学会放下它们，重新回到当下。这就是我们如何探索开放、无边界的存在维度。

28. 你相信魔法吗？

在当代，有位瑜伽大师名为萨古鲁。他认为："坚信事物永恒不变的人是愚蠢的，但那些认为一切都是虚无的人更加愚蠢。"他强调的是，那些过于固守自己观点的人，他们的信仰使他们看不到眼前的真实世界，仿佛被一层面纱所遮挡。

我发现，冥想过程中最大的挑战是当它要求我们去审视并可能更改自己深层的信仰体系时。冥想，很大程度上，就是寻找那些使你变得执拗、难以释怀的瞬间。当你觉得十分愤怒，你会发现自己的两种选择：一是更加坚定、与世界更加隔绝；二是选择变得柔软，放下心中的重担。简单说，只有当我们情绪激动，与他人发生冲突时，我们才意识到我们仍在固守某种观念。这种"我是对的，你是错的"的思维模式，其实就是一种心灵的枷锁。

真正的心灵之旅就在于此：当你开始固执己见、自以为是，当你担忧事情不会按你的预期进行时，你会意识到，这其实是你给自己带来的痛苦。这就好比是一个警钟，提醒你放下那些思考，开始训练自己敞开心扉，拥抱变化。这一切，都与冥想中放手的教导息息相关。

那种义正词严、害怕别人做错、坚信如果事情不按照自己的方式进行，整个世界就会陷入混乱的想法，其实都是一种攻击性的表现。甚至连那些看似正义的信仰，例如我们应该清理河流的污染，当我们过于固守某种观点时，我们不仅伤害了自己，也没有给予他人真正的幸福。因为这些观点都是基于焦虑、攻击和决意，背后常常伴随着敌对情绪。

所有这些信仰和观点，其实都来源于我们的思维。这些思考很容易让我们变得情绪化，甚至有时会失去理智。所以，冥想就是一个与自己进行深入、真诚对话的过程，一个认真的自我反思。这种心灵的对话和平静，就像是冥想中的一个开放空间，提醒我们要更加轻松，不要过于执着。

当你全身心地投入这样的练习，你首先会发现自己其实并不想变得轻松，而是希望按照自己的意愿来。我最开始学冥想的时候，特别开心，因为一上课就睡觉。一上课就睡觉，但是久而久之就挺羞愧的，花钱上课成了跑来睡觉了，于是我就问我的导师 Dr. Esser，为什么我在练习中总是昏昏欲睡。我告诉他："我总感觉很困，而且这种感觉并不仅仅是缺觉。我似乎习惯了这种迷糊状态。怎么办？"他告诉我："你只需大声地叫喊一下。"

我当时就笑了。我知道这肯定有效。但很快，我又回到了习惯性的状态，昏昏欲睡。然后我就想到了他的话，但心里却说："我不想叫喊，我只想躺下休息！"所以我真的躺下了。但是，我并没能真正休息，因为我意识到自己是在逃避。

这让我意识到，这就是我们每个人都面临的挑战。即使有人告诉你只需要做个小小的改变，你的困境就会得到解决，你可能仍然不愿意。因为你想按自己的方式生活。

我们的坚持和信仰，有时候反映出人性中的滑稽，也提醒我们每个人都在为同样的事情努力。我们应该养成活在当下的习惯，重新体验每一刻的新鲜感。但当你的思绪被情绪牵绊时，这很不容易。

当你深入冥想，你会发现自己沉浸在各种情绪中。而你需要做的，就是习惯于坐在那里，感受这些情绪，而不是逃避。痛苦、抑郁、恐惧，它们都可能在这个过程中涌现。我们应该为自己创造更大的空间，让这些情绪得以存在，但同时也为它们加上柔和和温暖的外壳。对待自己的练习，要尽量诚实。当你的心境变得坚定时，不断地提醒自己，保持好奇，开放思维。这就是你与世界的对话。

29. 不确定性？让我们一起摇摆！

当我们学习或实践时，我们应认识到核心是探索我们如何误解现实。我们有时并没有正确地看待事物。通过冥想，我们正试图培养出一种正确感知现实的能力。真正的觉醒，实际上，就是在最棘手的时刻仍能用开放、不固执的心态去看待现实。想想那些令你震撼或惊讶的时刻；在那些敬畏或惊奇的瞬间，我们都体验过这样的心态。

我们好像被困在一个小盒子里，只有一道微小的缝隙来看外面的世界。但随着我们不断地冥想，特别是当我们学会温柔和放手，当我们真正地放松并忠实于我们的实践，那道缝隙逐渐扩大，我们看到的世界也变得更加丰富。我们的视角开始拓展，对世界的包容度也增强了。也许，我们会意识到，有时清醒，有时昏沉；有时思绪飘走，但也能及时回归。我们发现自己的思考太多，开始培养一种明晰的智慧。有了这种智慧，我们会更有自信，觉得自己能够承受更多，甚至能够更深入地去爱。有时，我们可能能够完全跳出那个盒子。

但如果这种跳脱来得太突然，我们可能会感到不适。我们还没有准备好立刻跳出那个局限。但我们正在向那个方向努力，学会与不确定性和无依无靠的感觉相处，不再需要四墙将自己围起来，为自己制造一个保护罩。真正的觉醒并不是去另一个地方，或得到我们现在没有的东西。它是当我们开始去除遮挡，揭示那真实的状态。这个过程非常重要，因为它提示我们，每次当我们坐下时，我们都在揭示那些已经存在的东西。

这就是为什么放松和放手如此关键。我们不能用紧张或刻意去揭示某事，因为那样只会遮挡我们的真实本性。要稳定心态，同时要保持清晰、放松和开放。那个限制我们的"盒子"，其实并不存在。但在我们的视角里，那确实是一个实实在在的障碍。当我们开始透过它看，那个障碍对我们的影响逐渐减小。如果我们能够放松并保持清醒，我们便能体验真正的自己。

当然，我们要信任这个逐步的进程，并带上一些耐心和幽默感。如果墙太快地倒下，我们可能还没有准备好。这就像突然获得了某种深入的洞察，却无法将其整合到生活中。

人生的成长往往并不总是一帆风顺的。我们可能开始时感觉一切都很顺利，心境逐渐开放，感觉更加自在。但突然之间，所有的舒适感可能就消失了。有些时候，人们会经历一个非常积极的阶段，仿佛进入了"蜜月期"，然后突然间又陷入了停滞或退步。这种退步常常让人感到惊恐和沮丧。他们开始怀疑自己是否失去了前进的动力，因为之前的"蜜月期"如此充实、真实。

但要明白，变化是生活的常态。一切都在不断的流动和改变中。我们都会在某个阶段遇到难关，这是无可避免的。我喜欢在人们面临这样的困境时与他们交谈，因为当他们认为自己要放弃时，对我来说，他们其实只是刚刚开始。如果我们能够面对并接纳这些不适，这些对自己的挑战和不确定性，那么我们其实正在更接近生活的真实面貌。

面对难关只是成长过程中的一个环节。这意味着我们正处于一个需要更深入地理解和接受生活的阶段，甚至是那些不太愉快的部分。真正的成长和启发来自于当我们能够真正地融入这种流动和变化中。在某个阶段，我们可能会觉得自己已经找到了方向和答案，但生活总会给我们更多的机会和挑战，让我们更进一步。

30. 找几个朋友，起来嗨！

在冥想的过程中，每一束灯光都好似逐渐点亮了心灵的每一个角落，使我们能够深入地审视自己。所有的情绪，无论是生活中的酸甜苦辣，还是我们的脾气与性格，都如影随形地呈现在我们的意识之中。有时，我们会意识到自己的易怒，而有些人则容易被外界的诱惑所驱使。然而，每个人都有自己的弱点，我也许不太会嫉妒，但我有时会骄傲，感到孤独，甚至有些自卑。但当我们真正深入地了解自己，我们会意识到每个人都有自己的不足与困惑。这样的认知使我们对他人充满了同情和理解。

分享一个与我息息相关的故事。我与一位朋友之间的深厚友情，与篮球巨星科比·布莱恩特有着密不可分的关系。2020 年 1 月 26 日，这位伟大的运动员在一场坠机事故中不幸离世。为了缅怀他，洛杉矶举行了一场告别仪式，使用全球抽签的方式来分发入场票。那时，命运之神赐予了我两张宝贵的票。但是，就在这关键的时刻，我不幸受伤，腿部的伤势非常严重。医生立刻告诉我，如果不马上手术，我可能将再也无法正常行走。那段时间，我非常沮丧，因为科比曾是我最敬重的人。他，尽管我们从未真正相遇，长时间以来一直是我的精神导师。

记得那时，为了安慰我，母亲提议一起看电影。那天，我们看了《道士下山》。电影中有一段对白让我印象深刻。师父对徒弟说："命运就像那瓢一样，触着即转。上天与我们就是那执瓢的手，要是悟到生死轮回，无非花开花落。心有定境，不住因果，还有什么不快乐的呢？"徒弟回应："师父，我还有个想见的人，没有见到。"师父微笑地答道："在你心里，真的没有见到吗？"这段话给了我一种启示，我决定将我的入场票转让，但我只希望真心为科比送行的人能够得到它。就是这样，我遇到了那位朋友。他来我家取票时，首先说："即使这次没有票，我都愿意专门去送他一程的，你放心吧。"这句话深深地打动了我。更为感人的是，参加完葬礼后，他再次拜访了我们家。这次，他带来了许多美食，不仅如此，他甚至还特意带来了一个蒸锅，担心我们家里可能没有。这种细致的关心，让我感到无比温暖。更让我感动的是，他悄悄地将票价相应的钱放在了一个信封里面，当我打开时，发现里面都是崭新的美金。连这样的小细节他都是很在意，这些小细节，都如此真挚地显示了他对我的关心与友情。

不久后，疫情大爆发，口罩和其他必需的防护物资变得十分稀缺。尽管外界充满恐慌，他却依然冒着风险，驾车一个多小时为我送来了口罩。不仅如此，他还从农场带来了鸡肉，强调这对身体有益。那些朴实无华的语言，充满了真挚的关心。再后来，六六的妈妈怀孕时，他又送来了一大冰柜的鱼，确保她能够摄取足够的营养。而每当我的家人拜访时，他总是毫不犹豫地提供接送服务，细心的关怀让人深感温暖。

他，这位朋友，不仅是我生活中的支柱，更是我学习的榜样。他对生活的热情，无论在何种困境中，都闪耀着坚韧的光芒，鼓励我变得更好。从他身上，我学到了如何努力地寻找答案，对遇到的每一个问题都保持着无限的好奇心。他教会了我，如何成为一个更好的自己，如何坚韧不拔地向前迈进，如何不被外界的评价所左右，如何专注于当下的每一刻。他是那种从不退却、从不放弃、从不逃避的人，即使面对巨大的压力和困难，他也能够创造奇迹。真正的朋友不仅是陪伴你度过时光的人，还是那些能让你成长，成为更好的自己的人。我觉得，能够在成长的路上有这样一个朋友，真的是我莫大的幸运。

说到这，我不得不提到我的那帮朋友们。他们不是简单的朋友，而是我的修行路上的小伙伴。我们聚在一起，不是为了攀比，而是为了分享、学习和互相鼓励。在这个小集体中，每个人都可以做最真实的自己，不受外界的干扰。我们不是为了形成小团体，而是为了互相支持，互相帮助。即使我们不天天见面，一条简单的信息或一个电话，都足以感受到彼此的关心和支持。冥想的路并不容易走，特别是对于初学者来说。在这个过程中，有时会遇到许多的困惑和障碍。但当有这么一群人在你身边时，你会发现，无论前方的路有多么坎坷，都有勇气和决心走下去。因为你知道，你并不孤单，有这么多的人与你并肩作战，支持你，鼓励你。这样的友情和支持，是我们前行的动力，也是我们冥想路上的坚强后盾。

31. 每天都有新奇等着你

当我们深入地观察生活，我们真的很难确定什么是真实的。当你踏入外国，那种体验特别珍贵，因为你突然意识到每个国家的人都有独特的思维方式。尤其当你走进亚洲或发展中的国家时，那里的人们常常从一个截然不同的视角看待世界。你会发现，很多关于生活的认知实际上都是受到了你所在的文化、出生的时代、经济环境以及性别的影响。

关于什么是好、什么是坏，并没有统一的答案。这也是我们为何会有战争：因为某人眼中的好，在另一个人眼里可能就是坏，因此他们开始冲突。在人类的历史长河中，很多冲突都是因为对"正确"和"善良"的不同定义而产生。

例如，你是否真正去观察过身边的树？是否真正去感受它们的树皮、叶子和气味？又或者是身边的草地和空气？试着不再单纯地看它们，而是真正去体验："哦，那只是一棵杉树而已。"当你看到春天，树木发芽、叶子渐绿时，是否会为之心动？为之兴奋？向那些生命说"是"，让它们唤起你的好奇和惊叹。

我曾读到一个故事，说的是20世纪初的美国，有一个原住民的印第安男子。他曾病重到昏迷。当他醒来时，他发现自己在一个白人的村庄。接下来的经历与他族群中关于死后的传说惊人地相似，这使他坚信自己已经死去。而这个认知，使他的生活充满了新鲜和好奇。他看待世界的眼光仿佛回到了孩童，对一切都充满了惊奇。这个故事让我意识到，我们常常习以为常地看待生活中的经验，而很多的恐惧实际上都源于我们的过去。这些深藏的、旧的记忆不断地影响我们，使我们对许多事物感到害怕，甚至我们自己也不知道为什么。

与此同时，我们经常被其他的"事物"所吸引。有时，这种吸引会变得难以自拔。那些给我们带来安慰或帮助我们逃避困境的事物，可能变得我们无法摆脱。但这种情况发生在我们对一切事物习以为常的层面，不管是树木、动物、声音、回忆，还是味道、人的面容和身姿。我们总认为这些事物就是这样的，因此，我们似乎被囚禁在自己的世界中。

那么，如何像那位原住民一样，让生活充满惊奇与好奇心呢？关键在于温柔和真诚的态度。每当你陷入深思，都要以极大的温柔和真诚来看待。所有那些情感的波动，无论是希望还是恐惧，欢乐还是悲伤，你都可以称之为"思绪"，并且要真心体会。记住，所有的思考都可以视为梦境。要在生活中找回那份好奇，当你感到不确定、不安时，你不需要逃避，不需要找一个答案来消除不确定性。学会放松，学会柔和。面对那些不确定、尴尬、摇摆不定的情感，学会坚守。这样，你的生活会变得更加充实。

事实上，生活充满活力和新奇，只是我们缺少静下心来体验的勇气。当我们感到紧张、痛苦或动摇时，我们往往缺乏放松、舒缓身心的勇气。每当你想从生活中得到更多，试着放手，更多地放松。这样，你的生活将变得更为灵活和奇妙。我们都有一颗宽广与好奇的心。我们都有一颗温暖的心。这些都是我们内心的财富。在我们周围，似乎有无边无际的空间，如同天空、大海和风。而在我们心里，也有一个广阔的世界。我们可以让这两个世界交融，成为一个整体。生活应该是充满可能性的，我们需要学会了解自己的内心并与外界相互交流，放松身心，追求真正的自由和开放。

32. 解锁生活的超级密码

　　从这本书的开始，我们一直在研究一个被称为"觉醒心"的概念。这个词"觉醒"有许多不同的翻译，但其基本意义是"完全清醒"。这意味着一个完全敞开的心和头脑；即使在最困难和恐怖的情境中，它也代表着一个永远不会封闭的心。这个觉醒心传达了一个永不限制自己，不受偏见、成见或对立观点束缚的头脑。对于这种觉醒和完全的开放性，是没有界限的。这个词既指"心"，也指"思维"，所以我们称之为"心思"。每个人都有这样一个我们称之为"柔软点"的地方，所有的生命体都有这种温柔。但不知为何，我们天生就觉得需要掩盖和保护这一部分。我们生活在这样一个世界中，觉得需要收缩，给这如此娇嫩和柔软的部分戴上面具。

　　冥想教导我们培养这个柔软的部分，重新打开心思，允许爱自由地流动。打破到这柔软点的障碍，并不是为了找到生活的最终答案。毕竟，开放性意味着我们总是需要愿意灵活地应对，适应不断变化的环境。总有更多的空间去开放。另一种定义可能是"成为一个完全充满爱的人"。当有人问："实践的目的是什么？"我个人感觉，我们所做的一切，为什么我们会尝试将这些教诲带入生活的每一个瞬间，都是为了我们能成为完全充满爱的人。这正是这个世界所需要的。

"觉醒心"的一个特质是与真实的、不确定和不可预测的现实放松同在。从普通人的角度看，生活基本上是不安全的。但从更清醒的角度看，生活不再感觉那么不安全。生活始终是不确定的、始终是不可预测的，但我们开始感到在不确定性中的稳定和舒适。冥想让我们更加深入地接受这种不安全感，直到它真的变成了我们的舒适区。生活仍然和以前一样充满不确定性和不可预测性，但我们开始喜欢惊喜。对变化和新事物的抗拒开始消退。现实的本质是完全矛盾的。我们的思维方式是固化的，因为那是安全感的来源；

我们试图为自己找到立场，说，"就是这样"。当这种思维走到极端，意味着你坚持一个观点，并为此战斗。这就是现实，没有其他选择。

当你更深地融入不确定和无根的状态，你会发现你的内心正在慢慢敞开。每当你允许自己面对并融入困境时，你的内心会更加敞开。但奇怪的是，随着对生活的洞察加深，你会越来越清晰地看到世间的苦痛。开始，你会明白：是我们的选择加剧了这苦痛。

冥想不是固步自封的过程，而是一个持续转化的过程。我们都知道，随着年纪的增长，人们往往更容易陷入固有的习惯。但是，你是否遇到过那些随着年龄增长而变得更加开放和灵活的人？你希望成为哪种人？在生命的旅程中，当痛苦变得强烈，我们觉得已经达到了极限，好像无法再将其美化。大多数时候，我们认为修行的目标是为了避免这种情况。实际上，正是在这种时刻，所有的固执和依赖习惯都源于此。但在此刻，我们可以选择做些不同的事情来释放自己。

所谓的"做些不同的事情"，其实就是停留在那个时刻。我们必须改变对痛苦的认知，认识到痛苦其实是修行的好时机。在痛苦的时刻，你可以选择变得更加坚硬，或者变得更加柔软，选择做不同的事情。而做不同的事情，很多时候，只是选择留下。

人们常说，巨大的痛苦会带来深沉的同情心。我对这句话深有感触，因为在大多数情况下，巨大的痛苦往往带来的是更多的苦恼、愤怒、复仇的欲望。但你可以抓住那一刻，让那刹那的痛苦转化为深沉的同情。而不是选择报复，你选择流下眼泪，走向爱与善良，为自己，也为他人。

真正的爱，在我们内心。爱并不是外界所给予的，它不仅仅存在于人与人之间的关系中。它也不是工作、家庭或其他事物。但是，当你开始与自己内心的善良相连接，意识到这颗内心是可以被唤醒和培育的，那么工作、家庭和其他事物都成了开启内心的工具。这就是你的人生，也是修行的真谛。

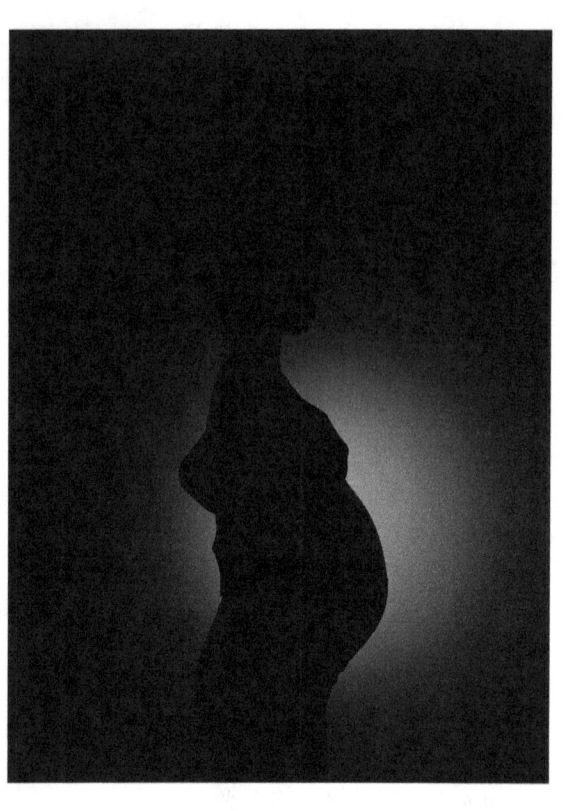